人の心を操る技術

The techniques of mind control

マインドリーディングと話し方で交渉もコミュニケーションも上手くいく

サイコロジカルアドバイザー
桜井直也
Naoya Sakurai

彩図社

はじめに

「人の心を操る技術」を手に取っていただき、ありがとうございます。

突然ですが、居酒屋の店員にイライラさせられたことはありませんか？　店員がなかなかつかまらなかったり、追加で注文したビールがいつまでも出てこなかったり、言葉遣いが悪かったり……。一度だけなら気になりませんが、そんなことが続くと、あまり気分の良いものではありませんよね。

企業のお客様窓口でも、同様の経験をすることがあります。購入した商品に問題があり、対応を求めて電話をかけているのに、オペレーターがこちらの言い分をまったく理解してくれないと、やはり良い気分ではいられません。

どちらの場合も、もしあなたが、相手を思いどおりに操ることができたなら、ストレスを感じずに済んだはずです。一体どうすれば良かったのでしょうか？

実は、店員やオペレーターの接客が魔法のように良くなる簡単な方法があるのです。それをこの「はじめに」でお教えします。立ち読みされている方も、**「買いなさい」**とは言いませんから、あと数ページだけ読んでみてください。

「人の心を操る技術」というタイトルを見て、「洗脳」という言葉を思い浮かべた方もいらっしゃると思います。

洗脳とは少し違いますが、実際に本書には、人間の性質を利用して相手の心を動かす方法が書かれています。読み進めるうちに、**あなたは**こんな方法で**簡単に人が操れて**しまうことに驚き、逆に知らないほうが**幸せだ**ったと思うかもしれません。

しかし本書は、決して日常生活からかけ離れた本ではありません。私は催眠療法のセラピストをしていますが、催眠のプロから見れば、**「人の心を操る技術」は**私たちの周りに溢れているからです。

テレビのコマーシャル、店先のポップ広告、セールストーク、ゲーム、ライブ、映画、小説など、毎日なにげなく触れているものの中にも、私たちの心を動かすカラクリは山のように仕込まれています。

あなたの部屋に、タイムセールで「これは**お得だ**」と思って買ったのに、ほとんど使っていないものはありませんか？　テレビの通販番組を見て、**ワクワクした気持ちで**注文したのに、すぐに使わなくなったものはありませんか？

誰に強制されたわけでもなく、自分で**「欲しい！」**と思って買ったはずなのに、どうしてあなたはそれを使う気になれないのでしょうか？

なぜなら、本当はそれほど欲しくなかったからです。欲しくないのに、**あなたは買いたい**気持ちにさせられて、つい買ってしまったのです。

タイムセールや通販番組で使われていたのは、「心理誘導（無意識に働きかけて人の心を操ること）」と呼ばれる方法です。

本書では、そんな心理誘導の実践的なテクニックを、相手の心を読んでコミュニケーションを有利にする「マインドリーディング」（第2章）、言葉を使わず相手に影響を与える「サブリミナル」（第3章）、相手を思いどおりに動かす「話し方」（第4章）という3つのテーマから学んでいきます。さらに第5章では、あなたが他人に振りまわされないための「操られない技術」を学びます。

世界中の心理療法家が実際に使っているテクニックから、まだあまり知られていない最新のテクニックまで、あなたが**すぐに使える**ようにまとめてあります。

「ちょっと面白そう」と何気ない気持ちで本書を手にしたあなたも、「あの人が思いどおりに動いてくれたらどんなに楽だろう」と思ったことがあるはずです。そして実際に、誰かを動かそうとして、闇雲にいろいろな努力をしてきたはずです。

どうせ人を操るのなら、本書を使って、正しいやり方をしっかりと学んでみてはいかがでしょうか?

コミュニケーションとは、言い換えれば「操り合い」のことです。心理誘導を学ぶことで、あなたのコミュニケーションスキルは劇的に向上します。人を操れるようになるだけでなく、人間関係そのものが良くなるのです。

「**本当にこの本で人の心を操ることができる**のだろうか?」と半信半疑な方こそ、**心理誘導の力にびっくりする**ことでしょう。疑ったままで構いませんから、まずは興味のあるページを開いて、どれだけ**本当に使える**のかを試してみてください。第1章では心理誘導が人の心を動かす原理を学びますが、理屈は後回しでも結構です。

居酒屋の店員も、お客様窓口のオペレーターも人間ですから、あなたのコミュニケーシヨンのとり方ひとつで、接客態度はガラリと変わります。

前置きが長くなりましたが、もしあなたが、彼らに最高の接客をしてほしいのであれば、**相手の名前を覚えて、名前で呼んでみてください**。たったそれだけで、あれほど呼んでも来なかった店員が振り返り、オペレーターはあなたの言葉に耳を傾けてくれるようになります。

以前、カウンセリングルームにいらした女性のクライアントさんから、「パソコンメーカーのサポートにイライラした」という話を聞いたことがあります。

彼女は購入したばかりのパソコンの画面に光らない点を発見し、サポートに電話をかけました。当然交換してくれるものと思っていたのですが、オペレーターは「数点のドット抜けは仕様です。カタログにもそう書いてあります」と言って取り合ってくれません。彼女は「ドット抜け」という言葉を聞いたのもはじめてでしたし、自分にとっては明らかな不良が、「仕様だから」という理由で相手にされないことにも納得がいきませんでした。しかし、いくら話しても状況は変わらず、最後は諦めて電話を切ったそうです。

私はその話を聞いて、メーカーの主張も理解はできましたが、せっかくの新しいパソコンなのにハズレを引いてしまい、ガッカリしている彼女の気持ちもよくわかりました。そこで彼女に、もう一度電話をかけてみるように勧めました。

「今度はオペレーターが出たら、相手の名前を覚えてください。そして『仕様です』と言われたら、相手の名前を呼んで、『○○さんがパソコンを買って、同じようにドット抜けがあっても、仕様だからと納得できますか？』と聞いてみてください」

後日、彼女から「先生のアドバイスどおりに交渉したらパソコンを交換してもらえました」とメールを頂きました。彼女はセッションの翌日、早速サポートに電話をかけて、相手の名前を覚え、私が教えた通りの台詞を言ってみたそうです。すると相手は黙ってしまい、結局は上司にかけあって交換に応じてくれたそうです。「前回は取り付く島もなかったのに、本当に不思議です。諦めないで良かった！」

この「相手を名前で呼ぶ」という方法は、第４章で学ぶ「分離法」というテクニックです。本書でご紹介するテクニックは、このようにどれも簡単です。実践するには少しの準備（名前を覚える）と、少しの勇気（名前で呼ぶ）が必要ですが、その努力さえ惜しまなければ、**あなたは**必ず**あの人を**動かすことができます。

さあ、**「人の心を操る技術」を読んで**、あなたはまず、誰の心を**操りますか**？

目次　人の心を操る技術

第1章

無意識に働きかける技術

あの人を操る前に知っておきたいこと

第2章

「マインドリーディング」で本心を知る

心を読む技術

第３章

行動やしぐさで操る技術

「サブリミナル」でマインドコントロール

第4章

言葉で操る技術

断られない「話し方」で思いどおりに動かす

第5章

操られない技術

あなたも誰かに操られていませんか？

第1章

あの人を操る前に知っておきたいこと

無意識に働きかける技術

選んでいるのはあなたではない

■自由意志という神話

じゃんけんを私としてみましょう。周りに人がいる場合は心の中で構いませんが、誰もいなければ、実際に手を動かしてやってみてください。
「最初はグー」からいきますよ。

最初はグー。じゃんけんぽん。

今、あなたの手が何を出しているか、ご覧ください。
あなたはグー（あるいはチョキ、パー）を出していますね。
どうして3つの手の中から、グー（チョキ、パー）を選んだのか、理由を説明することはできますか？

中には、「じゃんけんではいつもグーを出すことにしているから」と理由を答えられる方もいらっしゃることでしょう。しかし多くの方は、理由を聞かれても困ってしまうのではないでしょうか？「ただなんとなく」とか、「そういう気分だった」としか答えられないのではないかと思います。

しかしあなたがグー（チョキ、パー）を選んだのは事実です。他の手でも良かったのに、誰に強制されたわけでもなく、あなたは「完全な自由意志」でそれを選んだのです。しかも、ほとんど理由もなく。

もう一度お聞きします。逃げずに考えてみてください。

なぜあなたは、グー（チョキ、パー）を選んだのですか？

じゃんけんでなければ、すぐに理由を答えられるかもしれません。

たとえばあなたが、昼休みにうどんを食べたとします。あなたはうどんも好きだし、同じくらいカレーも好きだったとしましょう。うどん屋さんの隣にはカレー屋さんがあって、あなたはどちらに入ることもできました。

しかし今日はうどんを選びました。

「どうして今日はうどんを選んだのですか？」と聞かれたら、「昨日カレーを食べたから」とか、「うどん屋さんのほうが空いていたから」と、納得のいく理由を説明できるはずです。

そういった理由がひとつもなくて、「なんとなくうどんの気分だった」としても、じゃんけんの「なんとなく」とは意味が違います。あなたは「本当に」うどんの気分だったのです。

なぜあなたは昼食の理由は答えられるのに、じゃんけんの理由は答えられないのでしょうか？

それは、**あなたが選んでいなかったから**です。

■ふたり目のあなた

あなたは今、どこにいますか？ 自宅？ 会社？ 電車の中かもしれませんね。

それでは、あなたは今、「体の中の」どこにいる感じがするでしょうか？

足のつま先に意識を向けてみてください。つま先に自分がいて、そこからこの体を操縦しているように感じますか？　それともお腹でしょうか？　胸でしょうか？

おそらく、つま先でも、お腹でも、胸でもないでしょう。

あなたは、「頭の中にいる」感じがしているはずです。しかも頭全体ではなく、目の辺りにいる感じがしていることでしょう。

この感覚は目を閉じても変わりません。目を閉じて何も見えなくなっても、体全体が自分なのではなくて、やはり自分は目の辺りにいて、他の部分はただ繋がっているように感じられます。

その目の辺りにいると感じている自分のことを、「理性」と呼ぶことにしましょう。

理性は言葉を使って考えます。

朝、家を出たときに空が曇っていたとしましょう。すると心の中で、「雨が降りそうだから折りたたみ傘を持って行こう」と思い、傘を取りに戻ります。

決して曇り空を見たのと同時に勝手に体が動き、傘を取りに戻るわけではありません。

言葉を使って認識し、言葉を使って決定しているのです。

あなたが普段、自分だと思っているのは、この理性です。

実は先ほどのじゃんけんで、グー（チョキ、パー）を選んだのは理性ではありませんでした。理性で選んでいなかったので、理由を答えることができなかったのです。

それでは、一体誰がその選択をしたのでしょうか?

それは、あなたの中のもう一人のあなた、「無意識」です。

無意識とは、理性がコントロールできない(していない)ところをコントロールしているもう一人の自分です。

人は自分の意志で心臓の鼓動を速くしたり、遅くしたりすることはできません。心臓はちょうどよいスピードで、無意識が勝手に動かしてくれています。心臓だけではありません。体温の調節も、食べ物の消化も、**あなたが意識的にしていないことは、すべて無意識が行っています**。

そしてこの無意識が、理性に代わって選択し、答を出していることがあるのです。

❶ 私たちの選択は、「無意識」によって行われることがある

学習する無意識

■意外に難しい「ながら」

ひとつ実験をしてみましょう。
これから私の指示したように、手の指を動かしてみてください。

【実験】
まずは、自分の利き手の指を2本立てて「2」を作ってみましょう。
次に、4本立てて「4」を作ってみましょう。
最後は、すべての指を開いて「5」を作ってみましょう。

それができたら、

「2」↓「4」↓「5」↓「2」↓「4」↓「5」……

と連続して指を動かしてみてください。ここまでは簡単にできますね。


今度は動かす手と順番を変えます。

本を持ち替えて、利き手ではないほうの手で、

「5」↓「4」↓「2」↓「5」↓「4」↓「2」……

と連続して指を動かしてみてください。利き手に比べればスムーズではないかもしれませんが、こちらもそれほど難しくはないと思います。

さて、そこまでできたら本を置き、今度は利き手で、

「2」↓「4」↓「5」↓「2」↓「4」↓「5」……

と繰り返し、同時に反対の手で、

「5」↓「4」↓「2」↓「5」↓「4」↓「2」……

と繰り返してみてください。

いかがですか？　途端にできなくなったのではないでしょうか。

理性の弱点はここにあります。

理性は、一度にひとつのことしかできないのです。

私たちは日常的に、複数のことを同時に行っています。

たとえば、目的地まで街を歩きながら、ヘッドフォンで音楽を聞き、同時に今日の予定について考えることができます。一見、理性は、「歩く」「音楽を聞く」「考える」の3つを同時にしているように見えます。

しかしそうではありません。見かけ上はそう見えても、実際に理性はそのうちのひとつしか行っていないのです。そこが知らない街で、地図を頼りに歩かなければならないとしたら、歌詞は頭に入りません。歌詞に集中しているときは、今日の予定を考えることはできません。

同時に3つのことをしているように見えたとしても、それは時間を分割して意識の先を切り替えているからです。意識が向いていないときは、無意識が代わりにそれをやってくれているのです。理性がすべて同時に行っているわけではありません。

あなたの理性は今、本書を読んでいます。

理性は本書に向かっていますから、あなたはこの瞬間、**足の裏の感覚がまったくありません。**

「足の裏の感覚がまったくありません」と読んだ瞬間、あなたの意識は足の裏に向かいました。そして靴下や靴、床などの感覚が、一瞬のうちに心に広がりました。

しかし、私が「足の裏」と書くまでは、すっかりその感覚を忘れていました。決して足の裏の神経が、脳に感覚を送っていなかったわけではありません。足は絶えず感覚を送りつづけていたのですが、理性は一度にひとつのことしかできないため、それを受け取っていなかったのです。

■無意識に任せて理性の負担を減らす

なぜ理性は一度にひとつのことしかできないにもかかわらず、人は上手に生きていくことができるのでしょうか?

私はこの文章をパソコンで書いていますが、私の理性がしているのは、文章を考えることだけです。頭の中で書きたい文章を思いつくと、指が勝手に動いてキーボードを叩き、画面上に文字が並んでいきます。

生まれたときからこのようにタイピングができたわけではありません。完全なタッチタイピングができるようになったのは、社会人になってからです。

それまでの私は、書きたい文章を思いつくと、最初の単語を頭の中でローマ字に分解し、アルファベットをひとつずつ探して打鍵していました。そして必要であれば漢字に変換し、次の単語に移りました。

それらの作業をすべて理性で行い、目的の文章を打ち終えて、ようやく私は次の文章を考える作業に戻ることができました。文章を考えることと、キーボードを叩くことを、交互に行っていたのです。

しかしパソコンで文章を書くうちに、次第にローマ字に分解することが無意識的にできるようになりました。アルファベットを打とうと思っただけで、探さなくてもキーの場所がわかるようになりました。そしてついに、頭の中で文章を考えただけで、無意識が勝手にキーボードを叩いてくれるようになったのです。

このように、**理性で覚えたことを無意識に引き渡すことを「学習」といいます**。理性が一度にひとつのことしかできないにもかかわらず、私たちが上手に生きていくことができるのは、この「学習」が起こるからです。

理性で覚えたことを次々に無意識に引き渡し、無意識に肩代わりしてもらうことで、理性の負担を減らすことができるのです。

❶ 無意識が学習することで、理性はひとつのことに集中できるようになる

相手を操るための考え方

■自動販売機のような無意識

学習は、タイピングや自動車の運転のように、時間をかけて習得したり、意識的に学んだりする場合にだけ起こる現象ではありません。学習は一度の経験でも起こりますし、**学ぼうと意識しなくても勝手に行われます**。

はじめて車を買うときのことを考えてみましょう。

車選びは選択するポイントが多いため、決定までに時間がかかります。

どのメーカーにしよう？　セダン？　ミニバン？　排気量は？　車種は？　グレードは？

……しばらくの間、頭の中は車のことでいっぱいです。

さて、ようやく車が決まり、購入しました。納車された車を使いはじめると、次第に自分の選択が正しかったのかどうかがわかってきます。「思ったよりも荷物を運ぶことが多いのでミニバンで正解だったな」とか、「もう少し排気量の大きい車のほうがよかったな」とか、「やっぱり上級グレードは装備が充実していて便利だな」などと感じます。それらはすべて、無意識に学習されていきます。

そして数年後、車を買い替えるときになると、前回は悩んだはずの多くの選択を、無意識が自動で処理してくれます。はじめからセダンタイプは候補にあがりませんし、試乗するときには坂道で馬力が十分かを確認します。車種が決まったら、グレードは悩まず上級グレードを選びます。理性が時間をかけて検討しなくても、無意識が多くを選んでくれるので、自分にとって最良の車を、ずっと簡単に決めることができるのです。

人は良い経験からも悪い経験からも学習します。そして学習した内容が、その人の性格や傾向を作っていきます。

たとえば外国で嫌な経験をした人は、外国人を信じなくなります。そして「外国人とは付き合わない」という選択を自動的にすることで、効率的に自分を守れるようになります。

同じように、花束で女性の心を射止めることに成功した男性は、次の女性にも花束を贈りますし、限定品で良い物を買えた人は、限定品と書かれているだけで、買わずにはいられない気持ちになります。

ここで注意していただきたいのは、**学習したことがすべて正しいとは限らない**ということです。気持ち良く付き合うことのできる外国人はたくさんいます。花束で心を動かされない女性もいれば、価値のない限定品もあります。

しかし実際のところ、自動処理が上手くいっている間は、それが本当に正しいのかどうかが問題になることはありません。それよりも、理性に負担をかけずに物事を処理できることのほうが、ずっと大切です。コインを入れ、ボタンを押すと決まったジュースが出てくる自動販売機のように、理性が店番をしなくても利益を上げられることに意味があるのです。

自分から見れば、明らかに間違った信念のもとに生きている人たちに出会うことがあります。しかし、その間違いを指摘したところで、理解してもらえることはほとんどありません。話は噛み合わず、意見はいつまでも平行線のままです。

なぜなら、たとえその信念が間違っていたとしても、その人はその自動処理を使いつづけることで、今まで何も困らずに生きてこられたからです。せっかく上手く動いている自動販売機をわざわざ止めて、新しいものに取り替える必要など、どこにもないのです。

■ 心理誘導とは何か

誰の無意識にも、すでにたくさんの自動販売機が設置されています。そして決まったボタンを押すと、決まったジュースが出てきます。

心理誘導とは、この自動販売機のボタンを押すことです。

相手の理性に向かって「そのジュースが欲しい」と訴えたところで、簡単に手に入れることはできません。拒否されたり、他のものを勧められたりする可能性があります。

しかし、自動販売機のボタンを押すことさえできれば、希望のジュースを確実に手に入れることができるのです。

あるウイスキーメーカーの経営者が、売り上げのよくないウイスキーの販売価格を、競合ブランドよりずっと高く設定しなおしたところ、中身は同じであるにもかかわらず、飛躍的に売り上げを伸ばすことができたという逸話があります。

この経営者は、私たちの無意識の中にある「高いものは良いものである」という自動処理を利用し、「価格が高い」というボタンを押すことで、「このウイスキーは良いものだ」という認識を、人々から簡単に引き出すことができたのです。これは、「製品を改良する」

という理性に訴えるやり方では、到底得ることのできなかった成果です。

それでは、どんな商品でも価格を高く設定すれば、それだけで売り上げを伸ばすことができるのでしょうか？　もちろんそんなことはありません。「高いものは良いものである」という自動処理は、たまたまこのウイスキーについては上手く働いたに過ぎません。

大切なことは、相手の中にどんな自動販売機があり、どのボタンを押せばどんなジュースが出てくるのかを事前に知っておくことです。

それさえ知っていれば、理性に気づかれることなく、相手を動かすことができるのです。

無意識の自動処理を利用することで、相手を動かすことができる

理性をかわしてゴールを決める

■口を挟んでくる理性

あなたが街を歩いているとき、突然見知らぬ人に呼び止められたとしましょう。その人は「どうぞ」と言って、あなたに烏龍茶のペットボトルを差しだしました。

そんなとき、あなたはその烏龍茶を受け取りますか？　受け取りませんか？

おそらくほとんどの方は、受け取らないことでしょう。なぜでしょうか？

もちろん、怖いからです。受け取ることであなたは面倒なことに巻き込まれるかもしれませんし、その烏龍茶に何が入っているかもわかりません。

このように、**理性は必要であれば外から入ってくる情報をチェックします**。そうすることで、危険な状況に陥らないよう、自分を守っているのです。

この「理性のチェック」は、見知らぬ人や慣れない場所では強く働きますし、気心の知れた相手や自分の所属している場所ではあまり働きません。

烏龍茶を差しだしているのがあなたのご家族だとしたら、あなたはそれを受け取ることでしょう。なぜなら、ご家族があなたを危険な目に遭わせるはずがないことを、経験的に知っているからです。

「心を閉ざす」「心を開く」という言葉がありますが、心を閉ざしている状態というのは、この理性のチェックが強く働いている状態のことです。どんなに正しいことを言っても、相手が心を閉ざしていれば、その言葉は跳ね返され、相手の心には届きません。

同様に、心を開いている状態というのは、理性のチェックがあまり働いていない状態のことです。心を開いている相手とは、楽にコミュニケーションをとることができるのです。

■理性のチェックを無効化する３つの方法

目の前に自動販売機があります。自動販売機にはあなたの飲みたいジュースがあり、ポケットにはそれを買うための小銭もあります。誰もいなければあなたはお金を入れてボタンを押し、ジュースを手に入れることができます。

しかし、誰かと一緒にいたとしたらどうでしょうか？

たとえばあなたが小学生で、隣にお母さんがいたとしたらどうでしょう。お母さんはあなたがジュースを買おうとすると、口を挟んでくるかもしれません。

「夕食前だから、今は買ってはいけません」

「炭酸飲料は体によくないので、お茶にしなさい」

これが「理性のチェック」です。

いくらウイスキーメーカーの経営者のように、無意識の中にあるボタンを押そうとしても、理性のチェックが働いていれば押すことはできません。無意識に働きかけるためには、この理性のチェックを無効化する（お母さんに黙っていてもらう）必要があるのです。

理性のチェックを無効化するには、次の3つの方法があります。

1. 意識を固定する
2. 理性を処理不能にさせる
3. 理性のチェックをすり抜ける

１．意識を固定する

理性は一度にひとつのことしかできませんが、通常は自由に意識の先を切り替えることができます。本を読んでいても、電話が鳴れば意識は本から離れ、電話に向かいます。この意識の切り替えは、割り込んでくる出来事の優先度が、現在していることの優先度よりも高い場合に起こります。

反対に、面白い本に集中していると、食事も忘れて読みつづけてしまうことがあります。食事の優先度よりも、本の優先度のほうが高いため、意識が切り替わらないのです。そしてこの、**「意識が固定された状態」では、理性は一度にひとつのことしかできないため、理性のチェックが働きません**。

先ほど、「見知らぬ人が差しだした烏龍茶を受け取るか？」という話をしましたが、以前、あるバラエティ番組で、実際にそのような実験が行われたことがありました。

新橋の駅前を歩いている通行人に、無名の若手芸人が近づいていって、烏龍茶を差しだします。このとき、通行人はそれを受け取るかどうかという単純な実験です。

実験の結果、誰ひとり、烏龍茶を受け取りませんでした。ほとんどの人は怪訝な顔をして、足早にその場を立ち去りました。当然の結果です。

しかし、実験はそこで終わりませんでした。続いて「携帯電話で通話中の人」に対し、同様の実験が行われました。

すると驚いたことに、今度は15人中13人が、烏龍茶を受け取ったのです。

なぜ「携帯電話で通話中の人」は、烏龍茶を受け取ってしまったのでしょうか？

通常ならば、烏龍茶を差しだされても、まずは理性のチェックを働かせるのですが、理性は電話に固定されています。電話は相手あってのことですから、会話を中断しない限り、なかなか意識の先を切り替えることができません。

そこで電話から離れられない理性に代わって、無意識が「差しだされたものは受け取る」という自動処理で対応したのです。

このように、相手の意識を何かに固定することができれば、無意識のボタンは押しやすくなります。

2. 理性を処理不能にさせる

意識を固定しようとしても、理性のチェックが活発すぎて、思うように固定できないことがあります。そんな場合は、まったく反対の働きかけをすることでも理性のチェックを無効化できます。

優先度の高い割り込みを一度に複数与えると、理性は意識を切り替えながら、すべて同時に処理しようとします。しかし、ひとつひとつに十分な時間を割くことができないため、やがて処理不能に陥ります。その結果、**理性のチェックが働いていないのと同じ状態になる**のです。

意識が固定されている状態というのは、自分を刺そうと迫ってくる一匹の蚊を追いかけているような状態です。一匹の蚊に集中していると、二匹目の蚊が近づいていることに気づくことができず、刺されてしまいます。

一方、理性が処理不能になっている状態というのは、十匹の蚊が一度に迫ってきているような状態です。すべての蚊を追いかけても間に合わず、結局は刺されてしまうのです。

理性を処理不能にさせるテクニックに、「時間を制限する」という方法があります。

目の前でタイムセールの商品が次々に売れていると、つい自分も買ってしまうことがあると思います。

タイムセールのように時間を制限されると、理性は「本当にそれが必要か？」、「本当にお買い得か？」、「自分のニーズを満たしているか？」などの割り込みを、短い時間で同時に処理しなければなりません。

時間があれば、ひとつひとつに答を出すことは可能ですが、いつ売り切れてしまうかわからない状況では、理性は割り込みを処理しきれません。そこで無意識が代わりに、「困ったときは周りの人の真似をする」という自動処理で対応するのです。

このように、相手の理性に負荷をかけ、処理不能にすることができれば、相手に影響を与えやすくなります。

3．理性のチェックをすり抜ける

理性のチェックは、機械的にすべての情報に対して働くわけではありません。**安全で、馴染みがあり、信頼できる情報は、理性のチェックをすり抜けます。**他人の差しだす烏龍茶は受け取らなくても、家族の差しだす烏龍茶は受け取るのです。

アメリカで起こった奇妙な医療ミスをご紹介しましょう。

ある医師が看護師に、右耳の痛みを訴えている患者に薬をさすよう、指示を与えました。医師は処方箋に、Right earを省略して「Place in R ear」と書いたのですが、それを受け取った看護師は、指定された耳の薬を、なんと患者のお尻にさしてしまったのです。

これは、右耳（R ear）をお尻（Rear）と読み間違えたために起こった医療ミスなのですが、冷静に考えればあり得ないことです。耳の薬をお尻にさすことに意味がないのは明らかですし、たとえそれが「Rear」と読めたとしても、患者は右耳の痛みを訴えているのですから、看護師は医師の指示に疑問を持つべきでした。

しかし実際には、看護師はあまりにも処方箋に従うことに慣れ、医師を信頼しきっていたので、読み間違いが理性のチェックをすり抜けてしまったのです。

「理性のチェックをすり抜ける」とは、羽音がまったく聞こえず、姿も見えない蚊に追われているような状態です。気づくことができませんので、黙って刺されるしかありません。

このように、相手に信頼され、相手の馴染んだ方法で働きかけることができれば、相手の心は動かしやすくなります。

■NLP、コーチング、コールドリーディングなどが実践で役に立たない理由

理性は、サッカーでいえばゴールキーパーのような存在です。いくら練習を重ねて速いボールを蹴れるようになっても、**キーパーを見ずにシュートを打っていたのでは、得点することはできません。**

せっかく習った会話術や恋愛心理学、NLP、コーチング、コールドリーディング、メンタリズムなどのテクニックが、実践で思うように役立たなかった経験はありませんか？

なぜあなたは、それらを使いこなすことができなかったのでしょうか？

ある男性が、人間関係を改善したいと思い、NLPを学びはじめました。彼はすぐにNLPの虜になり、次第に原理主義者のようになっていきました。

彼には娘がいました。彼は娘が何か相談をするたびに、「具体的にどんな成果がほしいの？」、「いつ、どこで、誰とその成果を作りたいの？」、「みんなって何人《なんにん》？」と、NLPのテクニックを使いました。しかし彼女は、そういった質問攻めにも、ただ愚痴を聞いてほしいときに、いちいち話を中断されるのにもウンザリでした。

ある日、彼女はとうとう「普通のお父さんがするように」彼が助けてくれないことに、耐えられなくなりました。そして、今まで我慢してきた、彼女にしてみれば馬鹿げたワークのひとつひとつを指摘しながら、彼を責めたのです。

それを聞いて、「言いたいことはわかったよ」と彼は言いました。「ところで今、君は怒りを感じていることを、どうやって知ることができるだろう？　心の中にどんなイメージを浮かべているの？」

この期に及んで、彼は自分の振る舞いを反省しようとはせず、かわりに彼女の怒りをNLPで鎮めようとしたのです。当然ながら、彼女の怒りはさらに大きくなりました。彼のNLPは、娘との関係を改善することができなかったのです。

この男性のように、いくらテクニックを知っていても、相手の気持ちがどこにあるのかを無視していては、何の役にも立ちません。心理誘導をするときには、ボールを蹴る前に、キーパーの動きをよく見て、キーパーのいない方向にシュートを打つ必要があるのです。

❶ 無意識に働きかけるには、まず理性というゴールキーパーを無効化する必要がある

第2章

心を読む技術

「マインドリーディング」で本心を知る

無意識を相手にしてコミュニケーションスキルを高める

■２対２で行われるコミュニケーション

お互いに子供を連れた母親同士が、立ち話をしているところを想像してください。子供は早く家に帰りたいと思っているのですが、母親はそんな子供の気持ちにはお構いなしに会話を続けています。

子供は仕方なく、母親の会話が終わるのを待っています。しかし子供にも意思がありますので、ただ黙って待っているわけではありません。母親が会話に夢中になっている間、「早く帰ろうよー」と言いつづけるかもしれませんし、子供同士で喧嘩を始めるかもしれません。母親同士の会話は、１対１で会話をしているときのようには進まず、何度も中断することになります。

私たちが日々行っているコミュニケーションは、こんな母親同士の立ち話と同じです。

1対1で行われているように見えても、実際は2対2で行われています。

誰かと話すとき、「理性↓理性」だけでなく、「理性↓無意識」「無意識↓理性」「無意識↓無意識」のコミュニケーションも同時に行われているのです。

多くの場合、理性は言葉を使い、無意識は言葉以外を使って気持ちを表現します。言葉の内容は理性が決めたとしても、声の大きさ、トーン、スピードなどは、無意識の影響を強く受けるのです。表情やしぐさ、ボディランゲージなども同様です。

このような、言語以外で行われるコミュニケーションを**「非言語コミュニケーション（ノンバーバルコミュニケーション）」**と呼びます。

理性は「するべきこと」をしようとする傾向があり、無意識は「したいこと」をしようとする傾向がありますので、理性と無意識が、同時に反対のメッセージを送ることは、決して珍しいことではありません。「怒っていない」と口では言いながら、体全体で怒りを表現しているような場合がそれです。そして、このような矛盾は相手を混乱させます。

会社の同僚とお客様のところへ行って、商品を売ろうとしている場面を想像してください。このとき、同僚があなたと矛盾することばかり言っていたら、お客様の信頼は得られず、商品を売ることはできません。

また、先方の担当者が上司と一緒にやってきたのに、担当者ばかりに話しかけて、上司の存在を無視していたら、やはり商品を売ることはできません。

同僚とは事前に意見を調整しておく必要がありますし、上司にも商品をアピールする必要があります。

コミュニケーションも同様に、自分や相手の無意識を無視していては、良い結果は得られません。常に**2対2のコミュニケーションを意識する**必要があるのです。

■無意識の存在に気を配る

「ごめんなさい」と謝っているのに、相手が許してくれなかったことはありませんか？

なぜ謝っているのに、許してもらえなかったのでしょう？

それは、あなたの心のどこかに「自分は悪くない」という思いがあり、それを無意識的に非言語で表現しているからです。「ごめんなさい」という言葉に対して、表情や態度が矛盾しているので、相手はその言葉を素直に受け取ることができないのです。

また、相手が「許す」と言ったからといって、本当に許されたとも限りません。謝り、許したのはお互いの理性です。一見、仲直りしたように見えても、お互いの無意識が謝ってもいなければ許してもいない場合、関係はいつまでもギクシャクしたままです。「2対2」で行われているものを、「1対1」という枠組みで理解しようとすると、このようなボタンの掛け違いが生じます。相手とわかり合いたいのなら、**相手も自分も、はじめから矛盾を抱えた存在なのだということを理解しなければなりません。**

「2対2のコミュニケーションを意識する」とは、言い換えれば「今まで相手にしてこなかった無意識の存在に気を配る」ということです。無意識が送っているメッセージを読みとったり、相手の無意識に直接メッセージを送ったりすることができれば、コミュニケーションはずっとスムーズになるのです。

本章では、相手の無意識が送っているメッセージを読みとり、心を上手に透視する方法（マインドリーディング／読心術）について考えていきたいと思います。

2対2のコミュニケーションを意識することが心理誘導の基本

しぐさの理由を考える

■人が腕を組む理由

何気なく行われるしぐさにも、無意識のメッセージは隠されています。たとえば、あなたの前で相手が腕を組んだとしたら、それには何か意味があるのです。

「腕を組むのは心を閉ざしている証拠」などと言われることがありますが、確かに仲の良いカップルが、お互いに腕を組みながら話している姿は想像できません。しかしこれが「別れ話をしているカップル」ならば、簡単に想像することができます。

それでは、目の前にいる相手が腕を組んだとしたら、その人はあなたに対して「心を閉ざしてしまった」ということなのでしょうか?

無意識が腕を組むのは、「心臓を守りたい」という心理の表れです。危険を感じると、体の中で一番大切な心臓を守ろうとしますし、心臓が守られていると安心します。この自動処理は、実際に危険ではなくても、居心地の悪さを感じたり、不安感を覚えたりするだけで実行されます。つまり、心を開けない相手といるときは、腕を組むことで自分を守ろうとしているのです。

しかし、人は心を開いているときでも腕を組むことがあります。「何かについて真剣に考えているとき」です。

考えごとをしているとき、意識は考えごとに固定されますので、一時的に全身が無防備になります。そこで腕を組み、心臓を守ろうとするのです。

ですから、**目の前の人が腕を組んだからといって、それだけで「この人は心を閉ざしてしまった」とショックに思う必要はありません**。相手はただ、何かについて考えているだけかもしれないからです。

また、たとえ心を閉ざして腕が組まれたとしても、それがずっと続くわけではありません。腕が組まれたのと同じくらい簡単に、腕は解かれます。

相手の腕が組まれたら慌てずに、相手が考えごとをしていないかどうかチェックしてみてください。そして考えごとをしていないようであれば、相手の居心地を悪くさせている原因をみつけて、それを取り除いてください。

■すぐに伝わるしぐさ

しぐさの中には、考えるまでもなく、すぐに意味が伝わるものが少なくありません。たとえば、唇をかみ締めて手のひらをギュッと握っている人は、何かを我慢しているように見えます。突然、顔が真っ赤になった人がいたら、何かが恥ずかしかったのだろうなと推測できます。

腕を組むしぐさも、それらと同じです。

デートの待ち合わせ場所で、あなたに気づいた相手が、手を振ってこちらを見ているのと、腕を組んでこちらを見ているのとでは、どちらの印象が良いですか?

当然、手を振っているほうが好印象だと思います。考えごとをしていただけだとしても、**腕を組むということは、体全体で敵対心を表すこと**なのです。

「あなたといると居心地が悪いです」と口に出して言うことは滅多にありませんが、腕を組むだけで、それを気軽にすることになります。相手の理性のチェックは、あなたに対してますます強く働くことになり、心理誘導のチャンスは失われます。

それを避けるためにも、自分はどんなときに腕を組んでいるのか、日ごろから意識してみてください。そして会話中に腕を組みそうになったら、それをやめてください。

■髪の分け方で立ち位置が決まる

「腕組み」とは反対に、すぐには意味がわからないしぐさも多くあります。しかし、わかりにくいしぐさも、少し考えてみるだけでその意味がわかることがあります。

髪を右で分けている人は、鞄を体のどちら側に持っていることが多いと思いますか？

実際に街に出て、通行人を観察してみてください。これにはある程度の傾向があります。**髪を分けている反対側に鞄を持っていることが多い**のです。つまり、髪を右で分けている人は左側に、左で分けている人は右側に鞄を持つ傾向があります。

髪を右で分けている人は、右の額が多く露出し、左の額は隠れています。これは、「自分の左側を守りたい」という心理の表れです。左側を守りたいので、鞄は左側に持ちます し、電車の椅子に誰も座っていなければ、左の隅に座ります。人と歩くときには、相手が自分の右側にいると落ち着きます。（髪を左で分けている人は、すべて反対になります）

この理屈がわかると、相手に接するときの自分の立ち位置が決まります。声をかけるときも、並んで座るときも、**相手が髪を分けている側に自分が来るようにすればよい**のです。たったこれだけで、相手の無意識をむやみに緊張させないで済みます。

立ち位置など些細なことと思われるかもしれません。しかしこういった些細な行動の積み重ねが、やがて大きな違いになっていきます。本人さえも意識していない、その人の「好み」に応えてあげることで、「なんとなくこの人といると心地がいい」という感覚が生まれます。理由のある好意は、その理由がなくなると消えてしまいますが、理由のない好意は、消える理由もないのでなかなか消えないのです。

「守りたい側が一致する」といっても、実際には、髪を分けている側に鞄を持っている人も、たくさんいます。これは、**理性の思いが無意識よりも優先されるため**です。重い鞄を持っていて手が疲れれば、「守りたい側」とは反対側に鞄を持つ可能性はあるのです。

しぐさの理由を考えるときは、それが意識的なものかどうかも注意してみてください。

❶ 自分の守りたいものに、しぐさは影響を受ける

「視線の動きで嘘がわかる」は間違い

■視線が動く理由

しぐさに注目すると、相手の嘘に気づくことができます。

嘘をつくとき、理性は言葉だけでなく、態度でも信憑性を持たせようとしますが、無意識の送っているメッセージをすべて封じ込めることはできません。どんなに努力をしても、嘘のサインが、しぐさや言葉の端に出てしまうのです。

多くの人が「視線の動きを見れば嘘がわかる」と信じています。「視線をそらしたから嘘をついている」とか、「右上を見ているから嘘をついている」という具合です。「嘘をついていないのなら目を見て話しなさいよ！」というセリフも、ドラマなどでよく耳にします。

しかしこの、**「視線の動きで嘘がわかる」というのは間違い**なのです。

もし近くに誰かがいらっしゃるのなら、その人に向かって「おとといの夜、何を食べた?」と聞いてみてください。そしてその人の視線を観察してください。

視線が動きませんでしたか?

視線が動いたとしたら、その人は嘘をついたのでしょうか? そうではありません。おとといの夕食を思い出すということは、それを心の中で視覚的にイメージするということです。その作業に集中するためには、関係のない視覚情報を少しでも遮断する必要があります。そこで、より刺激の少ない上や下、横に視線をそらすのです。

携帯電話で話をするとき、周りがうるさければ、会話に集中するために静かなところまで移動します。それと同じように、心の中のイメージに集中しようとして、気が散らない空間に視線を移すわけです。

ですから、「視線が動いた」というだけで嘘だと断言することはできません。

それどころか、人は嘘をついているときのほうが、より相手の目を見つめる傾向さえあるのです。

視線が動くのは、「何かを思い出しているとき」、または「何かを考えているとき（嘘を作っているとき）」です。反対に、視線が動かないのは、「思い出す必要がないとき」、「考える必要がないとき」です。嘘が事前に準備されている場合、思い出す必要も考える必要もありませんので、視線は動きません。

また、「目をそらすと嘘がばれる」と思っている人も、あえて視線を合わせてきます。

つまり、**視線が動いても動かなくても、どちらも嘘をついている可能性がある**のです。

「表情を見れば嘘がわかる」と信じている人もいますが、これも間違いです。

顔は体の中で最も見られている場所ですから、嘘をついている人は、とても上手に表情をコントロールします。そして聞く側も、嘘に気づくよりは笑顔に騙されるほうが楽なので、よほど不自然でない限り、その表情を信じてしまいます。

それでは、どこを見れば嘘を見抜くことができるのでしょうか？

■ここを見れば嘘を見抜ける

一般に、無意識のしぐさは顔から遠くなるほど顕著になります。嘘の場合も、顔から遠いほど「誤魔化そう」という意識が届きにくくなりますので、顔よりも手、手よりも下半身に、嘘のサインは現れやすくなります。

顔から順に、嘘を見抜くポイントを見ていきましょう。

【顔】

前述のように、顔から嘘を見抜くことは難しいですが、唯一その可能性が残されているのは「瞬き」です。瞬きは、経験している精神的なストレスと関係があり、瞬きの頻度は、情報を処理しているスピードを表しています。

嘘をつくときには、通常より速く頭を回転させる必要があるため、瞬きが多くなります。ですから、会話中に突然、相手の瞬きが増えたとしたら、嘘をついている可能性があります。

【肩】

向かい合っている相手に心が開いているときは、お互いの肩が平行になっています。反対に、相手の意見に同意できなかったり、隠しごとがあったりすると、人は若干肩を回転させて、この平行を崩します。これは、相手と向き合いたくない心理の表れです。会話中にこのサインが現れたら、その人は嘘をついているか、あなたの話に納得していない可能性があります。肩を揺らしている場合も同様です。

【手】

話しているときに、口や鼻の辺りに手を持っていくのは、「出てくる言葉を抑えたい」という心理の表れですので、嘘のサインと考えることができます。

また、膝や机の上などを指でコツコツ叩くしぐさは、イライラした気持ちや、その場にいたくないストレスを表しています。相手が話している最中にこのサインが現れたら、嘘をついている可能性があります。あなたが話している最中ならば嘘ではありませんが、相手は退屈や苛立ち、居心地の悪さなどを感じている可能性があります。

【足】

足を組み、上の足を揺らしたり、ペダルを踏むようにパタパタしたりするのも、指でコツコツ叩くのと同じ意味があります。

また、お互いの肩が平行になっていても、相手の膝やつま先が他の方向を向いていたら、それも向き合いたくない心理の表れです。特に膝やつま先が出口のほうを向いていたら、その場から去りたい気持ちを強く表しています。ある話題になったとき、突然このしぐさが現れたとしたら、その話題には触れてほしくないのかもしれません。

■話し方に現れるサイン

嘘のサインはしぐさだけでなく、話し方にも現れます。

嘘とは、「ひとつのなかった出来事をあったかのように語る」ことではありません。「嘘を元に、物語をはじめから作りあげる」ことです。

アメリカに行ったことがないのに、「行ったことがある」と嘘をついたとしましょう。そして相手に、「アメリカはどんなところだったの？」と質問されたら、「アメリカには行ったけれど、何も覚えていない」などと誤魔化すことは許されません。アメリカはどんなところだったのか、そこで何をしたのか、誰と出会ってどんな会話をしたのか、すべて作りあげる必要が出てきます。

ひとつの嘘を元に物語を作りあげると、必然的に別の嘘もつくことになります。そしてその「別の嘘」のために、さらに新しい嘘が必要になり、質問されるたびに嘘は増殖していきます。整合性を保ちつつ、即興でこのような作業を続けることは非常に難しく、フィクションの世界が広がるほど、処理が間に合わなくなります。その結果、**嘘をついている人は話すスピードが遅くなり、中断も多くなる**のです。

不確かな話をしているときも中断が多くなりますが、その場合は「○○だったと思う」「○○だった気がする」といった推量的な話し方になりますので、断定的な口調のまま話し方が遅くなった場合は、嘘をついている可能性が高くなります。

また、嘘の物語を作るために頭をフル回転させていると、当然疲れてきます。**疲れてくると、嘘を維持できなくなり、その話から逃げようとします。**質問をはぐらかす、「どうしてそんなことを聞くの？」と逆に聞き返す、イライラして怒り出す、不自然に話題を変えようとする、といった反応が見られた場合も、嘘をついている可能性があります。

■準備された嘘

嘘を見抜くときに注意していただきたいことは、「事前に準備された嘘を相手が話している場合、これらのサインは現れにくい」ということです。そして大きな嘘ほど、誤魔化したい気持ちも強くなりますので、事前に準備されるようになります。

門限の厳しい家庭の女の子は、恋人の家に泊まりに行くとき、友達を巻き込んで大掛かりな嘘を準備します。口裏を合わせ、証拠品を用意し、周到にアリバイを作ります。

突然の嘘と違い、このような準備された嘘を見抜くことはとても難しくなります。頭をフル回転させる必要がないため、すべてがとても自然に見えます。

しかし準備された嘘にも、特有のサインを見つけることができます。**「相手に気づかれる前にすべて話してしまいたい」という心理が強く働くため、話しすぎてしまう**のです。

準備された嘘を話すとき、人は説明的になりすぎますし、聞いてもいないことや、話す必要もないことまで話す傾向があります。時には強引に、時には都合よく話は展開し、それを悟らせないために、態度は挑戦的です。

途中で話の腰を折られると辻褄が合わなくなるため、相手に口を挟ませず、ゴールに向かって一直線に進むような話し方になります。また、嘘がばれていないかを気にする余裕がありますので、こちらの表情をじっと観察したり、「そう思わない？」と同意を求めてきたりもします。

話し方に不自然なほど迷いがなく、饒舌で、いつも以上にこちらの反応を気にしている場合には、準備された嘘を話している可能性があるのです。

■サインに隠された思い

嘘に現れるサインを見てきましたが、**これらのサインが見られたら、必ず嘘をついているというわけではありません**。（同様に、これらのサインが見られなければ、嘘をついていないと断言できるわけでもありません）

「嘘ではない」と主張している相手に対しては何の証拠にもなりませんし、嘘のサインだけを理由に疑った目で相手を見れば、関係が壊れてしまうことにもなりかねません。

大切なことは、これらのサインから相手の気持ちを感じとることです。

嘘だけでなく、不快な気持ちや話したくない気持ち、誤魔化したい気持ち、よく思われたい気持ち、そんなひとつひとつを感じとってみてください。相手から不快なサインが読みとれたら、それ以上その話を続けるべきではありませんし、よく思われたいサインが読みとれたら、一気に距離を縮めるチャンスです。

相手の隠された気持ちを読みとり、次の一手を変えてみてください。

❶ 嘘のサインを通して、相手の気持ちを感じとることが重要

言葉から本心を見抜く

■相手の言葉を正反対の観点で捉える

村上春樹の小説、「羊をめぐる冒険」に、耳のモデルをしている女性が登場します。彼女は主人公とはじめてデートをしたとき、主人公に向かって「10分間で自分のことについて話してほしい」とリクエストをします。

主人公はそれに応えて自分のことを語り、続けてこう言います。

「ずっと退屈な人生だったし、これからだって同じさ。でもそれが気に入らないというわけでもない。要するに仕方ないことなんだよ」

それを聞いた彼女は、こんなことを言います。

「私は初対面の人に会うと、十分間しゃべってもらうことにするの。そして相手のしゃべった内容とは正反対の観点から相手を捉えることにしてるの。（中略）その方法をあなたにあてはめてみると、こうなると思うの。（中略）つまり、あなたの人生が退屈なんじゃなくて、退屈な人生を求めているのがあなたじゃないかってね」

相手の本心を知りたいとき、この「正反対の観点から相手を捉える」という彼女のやり方は、単純ですが、非常に合理的です。

誰の中にも、「こんな風に自分を見てほしい」という願望があります。そして自分のことは客観的には見られないため、自分の理想像と自分自身を混同しています。**語られることは本当の自分ではなく、自分の目標である可能性が高いのです。**

たとえば、「自分は変わっている」と自分で言う人がいますが、そういう人は、おそらくとても平凡な人間です。平凡だからこそ、「自分は変わっている」と思いたいし、思われたい。そして長続きはしませんが、実際に変なことを言ったりやったりもします。当然、隠れたところでするのではなく、誰かが見ているところでするわけです。

しかし、本当に変わっている人というのは、自分が変わっているとは思いもしません。そして「変わっている」と言われると傷つくことさえあります。ですから人が見ているところでは、できるだけ目立たないように、平凡に振る舞おうとするのです。

ＳＮＳなどで、自分がいかに幸せかをアピールしている人にも同じことが言えます。

幸せを意識しなければならないのは、幸せではないからです。「幸せではない」と認めたくないので、「幸せそうで羨ましい」と言われようとして、必死に演じます。

しかし、本当に幸せな人は、幸せな日常が当たり前なので、誰かに「幸せそうで羨ましい」などと言ってもらう必要はありません。

このように、まずは**相手の言葉を、単純に正反対の観点で捉えてみてください。**

「友達が多い」と言う人は、本当はひとりぼっちなのかもしれません。

いつも「忙しい」と言っている人は、暇な自分になるのが怖いのかもしれません。

何でも「深い」と言う人は、底が浅いのかもしれませんし、「最近毎日が充実している」と言う人は、充実した人生に憧れているのかもしれません。

■「好きなタイプ」「嫌いなタイプ」からわかること

言葉から相手の本心を知るテクニックを、もうひとつご紹介しましょう。

人は、自分にないものを持っている人に憧れます。一方、自分と似ている人には安心感を覚えます。どちらも好意的な感情ですが、「どんな人が好きか」という話になったときには、「自分にないものを持っている人」を話題にする傾向があります。**自分がそうでないからこそ、強く意識してしまう**わけです。

ですから、頭がよい人が好きだと言う人は、自分は頭がよくないと思っているのかもしれませんし、顔がよい人が好きだと言う人は、外見に自信がないのかもしれません。

好きになる理由は、長所だけとは限りません。不器用な人や、ちょっと暗い人など、一般的には短所だと思われている部分を好きなタイプにあげる人もいます。

長所を好きな理由にあげる場合、それはその人のコンプレックスを表している可能性がありますが、短所を好きな理由にあげる場合、それはその人自身を表している可能性があります。**自分に似ているからこそ好き**なのです。好きな理由の中に、自分の短所を投影することで、そんな自分を許してあげたいし、周りの人に同意されることで、その短所が愛される理由になることを確認したいのです。

このように、その人の好きなタイプがわかれば、その人は自分をどう思っているのか、どんな人間になりたいのかを知ることができます。

それでは、人はどんな人を嫌いだと言うのでしょうか？

面白いことに、自分と似ている人を嫌いだと言う傾向があるのです。

自分と違う人には、理解ができないことによる不安感を覚えます。一方、相手の中に自分の嫌な部分を見つけると、嫌悪感を覚えます。どちらも不快な感覚ですが、相手を理解できない場合、自分に被害がなければ、やがて不安な気持は感じなくなります。

しかし、相手の中に自分の嫌な部分を見つけると、嫌悪感はいつまでも消えません。自分はその嫌な部分を改善しようと努力しているのに、目の前で努力もせず、嫌な部分を見せつけている相手が許せないのです。

たとえば、自己中心的な人は自己中心的な人を嫌います。ケチな人はケチな人を嫌い、優しくない人は優しくない人を嫌います。プライドが高い人はプライドが高い人を嫌い、偽善的な人は偽善的な人を嫌い、人の話を聞けない人は人の話を聞けない人を嫌います。

嫌いな理由のほとんどは、同属嫌悪なのです。

欠点はすでに克服されている場合もあります。電車では必ずお年寄りに席を譲る人が、優先席で席を譲ろうとしない若者にイライラしている場合、一見、同属嫌悪ではありません。

しかし、心の中で起こっていることは同じです。その人は努力の結果、「席を譲ることができるようになった」だけです。席を譲らない人を見るたびに、昔の嫌な自分が思い出されるのです。

短所が好きな理由になるのと同じように、頭がよい人や顔がよい人、几帳面な人など、一般的には長所だと思われている部分を嫌いだと言う人もいます。

この場合は反対に、自分にないものを持っているからこそ嫌いなのです。嫌いな理由の中に、自分にないものを投影することで、持っていない自分を受け入れたいし、周りの人に同意されることで、持っていないことは大した問題にならないことを確認したいのです。

実際に特定の人を好きになったり、嫌いになったりしている場合はこの限りではありません。似ていようがいまいが、好きになることも嫌いになることもあります。

しかし、**何気なく語られる「好きなタイプ」や「嫌いなタイプ」は、どちらも長所であればその人のコンプレックスを、短所であればその人自身を表している可能性がある**ことを覚えておいてください。

❶「好き」はコンプレックス、「嫌い」は同属嫌悪を表す

しぐさから性格を見抜く

■性格はフラクタル

「小さいことに忠実な人は、大きいことにも忠実である」

これは聖書の中に出てくるキリストの言葉です。

その人を理解するために、その人のすべてを知る必要はありません。目の前で行われている小さな行動に、たくさんのヒントが隠されているのです。

ブロッコリーを思い浮かべてください。ブロッコリーは、小さなブロッコリーがたくさん集まって、大きなブロッコリーができているように見えます。このように、部分と全体が似ているもの（自己相似性のあるもの）を、幾何学では「フラクタル」と呼びます。

実は、人の性格もフラクタルです。**部分を観察すれば、相手の全体が見えてきます。**無意識の中に学習された自動処理は、大きなことにも小さなことにも、同じように使われるからです。そしてこの「部分を観察する」というやり方は、とても簡単で、強力なテクニックになります。

たとえば、車をよく買いかえる人は、恋人もすぐにかえる傾向があります。逆に、同じ車に長く乗る人は、恋人とも長く付き合う傾向があります。車と恋人は無関係に見えますが、新しく、魅力的なものが現れたときに使われる自動処理は同じなのです。

店員に対して横柄な態度をとる人は、いずれあなたにもそのような態度をとる可能性があります。「立場の低い人に態度が大きくなる」ということは、あなたの立場が変わった途端、その自動処理があなたにも使われる可能性があるからです。

待ち合わせ時間にいつも現れない人は、おそらくお金を貸しても返ってはきません。「約束を守る」という自動処理が形成されていないからです。

内緒話を内緒にできない人は、他人のスマホを平気で盗み見する可能性があります。プライバシーという概念が育っていないからです。

まずは、相手があなたの持ち物をどのように扱っているのかを観察してみてください。そして、それを「物」ではなく「あなた自身」だと思ってみてください。何かを貸したとき、預けたとき、プレゼントしたとき、相手はそれを大切に扱っているでしょうか？　それとも、壊れることも汚れることも気にしないで、適当に扱っているでしょうか？　**それはそのまま、その人のあなたに対する評価です。**

このように、相手の些細な行動から、その人の性格を知ることができます。相手の行動を観察し、それがどんな自動処理の結果なのか、その自動処理は他の場面ではどのように使われるのか、考えてみてください。

■ 性格を変えるためのヒント

「部分が全体を表す」ということは、「部分が変われば全体も変わる」ということでもあります。もしあなたが、自分の性格を変えたいと思っているのなら、いきなり全部を変えようとするのではなく、目の前の小さなことから変えたほうが確実です。

すべてを変えることは途方もないことに感じられますが、目の前のひとつを変えることはすぐにできるからです。

片付けが苦手で、散らかっている部屋をきれいにしたいのであれば、まずは鞄の中を整理してみてください。

仕事がなかなか進まない人は、歩く速度を速くしてみてください。

優柔不断で、**A**とBのどちら**を選ぶ**かいつも迷ってしまう人は、テトリスで遊んでみてください。

タバコをやめたいのであれば、日記をつけてみてください。

恋人と長続きしない人は、ベランダでトマトを育ててみてください。

すでにあなたが使っている自動処理は、そう簡単に変えられるものではないかもしれません。もしかしたら、はじめは鞄の中の整理すらできないかもしれません。

しかし、意識的にでも小さなことを変えられたら、それは全体を変えるきっかけになります。漠然と望んでいるだけでは何も変わりませんが、小さな努力をくり返せば、変化は必ず起こるのです。

大きなことを変えたいと思ったら、まずは小さなことから変えてみてください。

同じ自動処理が、大きなことにも小さなことにも使われる

コミュニケーションの極意

■「誰とでもすぐに仲良くなれる！」わけがない

催眠術のショーをテレビで見ていると、嫌いな食べ物が一瞬で好きになったり、体が動かなくなったりと、信じられないことが次々に起こります。あまりにも不思議で、催眠術師には超能力的な力があるのではないかと思ってしまいますし、逆に出来すぎていて、すべてがインチキくさく感じることもあります。

もちろん、催眠術師に超能力などありません。また、演者が空気を読んでいることもありますが、催眠でこのような現象が起こるのは事実です。

それでは、こんなにも不思議な現象は、なぜ起こるのでしょうか？

実は、催眠術のショーにはトリックがあるのです。

大勢を相手に催眠術のショーをする場合、はじめに演者全員に対して、簡単な暗示のテストが行われます。そしてそこで反応の悪い人は、次々に席に戻されます。テストは次第に難しくなっていき、最後までテストをクリアした演者だけが残され、ショーはスタートします。

テレビを見ていると、催眠術師は誰に対しても不思議な現象を起こしているように錯覚してしまいますが、本当は催眠にかかりやすい人だけを厳選していたのです。

優れた催眠術師とは、決して催眠術のかけ方が上手い催眠術師ではありません。かかりやすい人を瞬時に見抜く力を持っている人こそ、優れているのです。かかりにくい人には近づかないので、失敗がなく、上手さを演出できるわけです。

これは人付き合いについてもいえることです。

人付き合いが苦手な人ほど、「誰とでもすぐに仲良くなれる方法」を求めますが、そんなものは存在しません。

身近に人付き合いが上手な人がいたら、よく観察してみてください。誰とでも仲良くしているわけではなく、自分にとって付き合いやすい人、コントロールしやすい人、メリットのある人とだけ仲良くしていることに気がつくでしょう。

そして、心を開かない相手には決して近づこうとしないことにも気がつくはずです。

人付き合いが上手な人とは、誰とでも仲良くなれる人のことではなく、**自分が付き合いやすい相手を見抜く能力に優れた人のこと**なのです。

もしあなたが、「人付き合いは難しい」と感じているのなら、自分のコミュニケーション能力を悲観する前に、選んでいる相手が悪いことに気づいてください。

■避けたほうが無難な人たち

性格はしぐさに現れますので、しぐさを手がかりにすれば、付き合いにくい相手を避けることができます。

「付き合いにくい相手を避けるなんて心が狭い」と思われるかもしれません。しかし、これは誰でも無意識的に行っていることですし、自分を守るためにはとても重要なことです。**多くのトラブルは、付き合いにくい相手からやってくる**からです。

「自分には相手を選ぶ権利があり、付き合いにくい人と付き合う義務はない」という当たり前のことをしっかりと認識し、その権利を行使すれば、不必要に悩まなくて済むのです。

それでは、どういう人を避ければよいのでしょうか？

まず、初対面で「なんとなくこの人は苦手だ」と感じたら、その人は避けてください。あなたの無意識は、何か理由があってその人を避けたがっています。苦手意識はコミュニケーションの足かせにしかなりません。その判断が間違っていたとしても、いつでも関係を再開させることはできますので、はじめは直感に従ってみてください。

■股を大きく開いて座る人・髪をしょっちゅう触る人

初対面の印象が悪くなくても、避けたほうが無難な相手がいます。

男性ならば、「股を大きく開いて座る人」です。

股を大きく開くのは、自分を大きく見せたい心理の表れです。よくいえば自信家、悪くいえば自己中心的な性格で、少しでも多くのスペースを自分のものにしたいことから、支配欲の強さがうかがえます。

自分の大きさをアピールしたいということは、**プライドが高く、自分が下になることが許せない**ということでもあります。相手を認める余裕がなく、自分を認めさせることに必死です。

そういった人は付き合いにくいですし、付き合ってもこちらが損をするばかりですから、こちらから近づく必要はありません。

女性ならば、「髪をしょっちゅう触る人」に注意してください。

髪を触るのは、自分を癒したい心理の表れです。これにはふたつのパターンが考えられます。

ひとつ目は、緊張を癒したい場合です。好きな男性と一緒にいるときなど、女性は緊張して髪を触ることがありますが、これは心を落ち着かせたいからです。

ふたつ目は、満たされない心を癒したい場合です。退屈だったり、つまらなかったりすると、自然と髪に手がいきます。

ここで避けていただきたいのは後者のパターンです。緊張した様子で髪を触っているのであれば問題ありませんが、**こちらに視線を向けず、つまらなそうに髪を触っているとしたら、その人はあなたに興味がありません。**

股を開く男性が「俺様体質」だとしたら、髪を触る女性は「お姫様体質」です。相手が自分を楽しませてくれることを当然だと思っており、間違っても自分から関係を良くしようと努力することはありません。

女性は多かれ少なかれ髪を触りますが、緊張感がなく、あまりにも退屈そうな場合、その人は付き合いやすい相手ではないのです。

■スマートフォンに依存している人

男女問わず、「スマホ（携帯電話）に依存している人」も避けたほうが無難です。

もし、あなたといるときに相手のスマホが何度も鳴り、相手もそのたびに、何のためらいもなく届いたメッセージを読み、それに返信しようとするなら、**その人はあなたを一段下に見ています。**

映画館に入るとき、誰もがスマホの電源を切ります。マナーだということもありますが、何よりもスマホに邪魔をされずに映画を楽しみたいからです。

就職の面接室に入る前にも電源を切りますが、それはスマホのせいで就職をふいにしたくないからです。

それができるのに、あなたの前ではスマホを後回しにできないとしたら、それは心のどこかで、あなたよりもスマホのほうが大切だと思っているからに他なりません。

スマートフォンよりもあなたを見てくれる人は必ずいますから、わざわざスマホに依存している人と付き合う必要はありません。

■あなたを避ける口実

もちろん、多くの男性は座るときに股を開き、多くの女性は人前で髪を触り、多くの人は暇さえあればスマホをいじっています。これらの人たちを本当に避けるとしたら、かなりの人たちを避けなければなりません。

しかしそれで良いのです。

催眠術のショーで、実際にテストにパスして選ばれる人は一割ほどです。10人中9人は席に戻されます。

それと同じように、**10人全員と仲良くなる必要はありません。そのうちの一人を選ぶことこそ、コミュニケーションの極意なのです。**

また、もしあなたに股を開く癖や髪を触る癖があり、誰かといるときも平気でスマホをいじっているとしたら、あなたは少なからず相手を不快にさせています。

特に、知り合って間もない相手ならば、それだけであなたの印象は決まってしまいます。ひとつでも当てはまるものがあれば、意識的にそれをやめてみてください。あなたを避ける口実を、相手に与えないでください。

❶ 相手を選ぶことが、自分にとって心地よい関係を築く第一歩

第3章

「サブリミナル」でマインドコントロール

行動やしぐさで操る技術

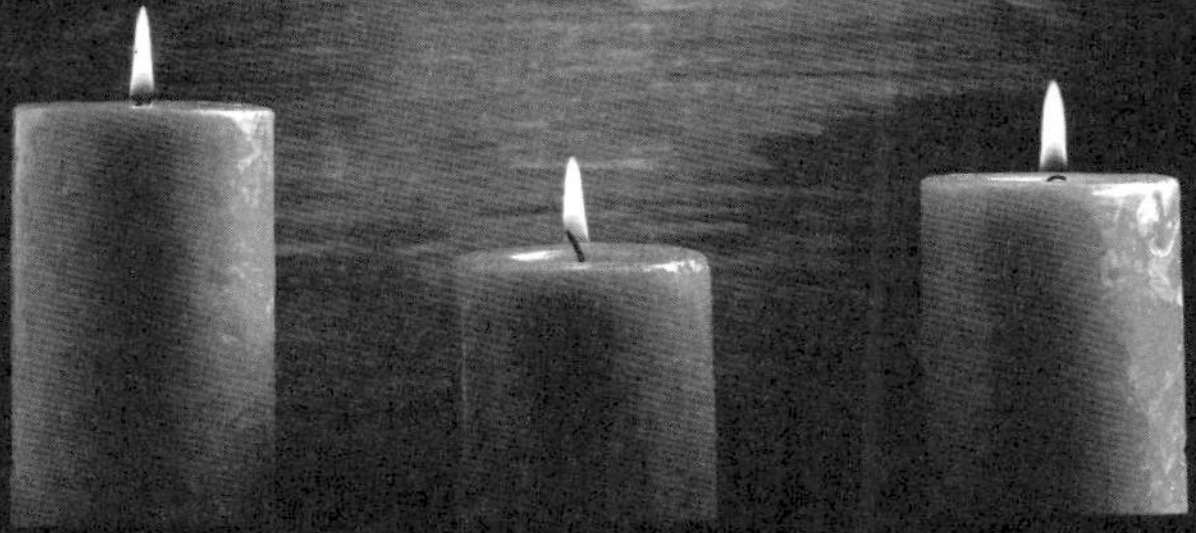

サブリミナルで気づかれずに相手を操る……

■サブリミナル効果

J（ジエー）と「**R**」を除いたアルファベット24文字の中で、**今**、一番はじめに浮かんだアルファベットは何ですか？

どれでも構いません。後ほどこのアルファベットを使いますので、はじめに浮かんだアルファベットを変えないで、覚えておいてください。

自分で選択したと信じているものの中にも、実は周りの影響で「選ばされている」ものが少なくありません。日常生活の中には、正確さよりもスピードを求められる場面が多くあります。そのスピードを維持するために、私たちは借りられるアイデアは躊躇なく借りて、あたかもそれが自分発信であるかのように信じているのです。

よって、**適切なヒントを非言語で与えれば、相手に気づかれることなく、その人の選択を操作することができます。**

「サブリミナル効果」という言葉をご存知の方もいらっしゃることでしょう。サブリミナル効果とは、「知覚できないような刺激が、人の行動に影響を与える」という説です。

映画館で5分に一度、「コーラを飲め」「ポップコーンを食べろ」という文字を一瞬だけ表示させたところ、コーラとポップコーンの売り上げが増大したとされる実験が有名です。

残念ながら、この結果については信憑性が低く（実験自体が創作だったという説もあります）、サブリミナル効果は似非《えせ》科学として扱われることが多いのですが、一方で、知覚できても意識していないような刺激が人の行動に影響を与えることは、いくつかの実験で証明されています。

アメリカで、クレジットカードで嫌な体験をしたことがない人を対象に、「カード会社のロゴが表示された部屋で、通信販売の品物選びをする」という実験が行われました。

その結果、被験者は、対照群（ロゴが表示されていない部屋で品物選びをした人たち）よりも、平均29%も多くお金を使おうとしたのです。しかも被験者は、**部屋にロゴが表示されていたことに、まったく気がついていませんでした。**

カード会社のロゴは、「欲しい物がすぐに手に入れられる」という理由で、心地よい感情と結びつけられています。ロゴを意識させなくても、部屋の中に表示するだけでこの感情が引き出され、購買意欲が刺激されたのです。（一方、クレジットカードで嫌な体験をしたことがある人を対象に同じ実験をしたところ、支払いを控え気味にする傾向があったそうです）

■サブリミナルはパワフルで危険

さて、あなたは先ほど、どのアルファベットを選びましたか？

あなたが選んだのは「A」ではないでしょうか？

もしあなたが「A」を選んだとしたら、それは偶然でも、自由意志で選んだ結果でもありません。**あなたは私にマインドコントロールされたのです。**

私は本書のはじめからここまで、あなたに「A」を選ばせるために、5箇所で心理誘導を行いました。ご興味があれば、本書を最後までお読みになったあと、はじめから読み直してみてください。私がどのようにして「A」を選ばせたのか、すぐに気がつくはずです。

相手の意識が向いていないところに働きかける「サブリミナル的コミュニケーション」は、**相手が自覚することなく影響を受ける**ため、成功すればとてもパワフルです。そして使い方によっては、とても危険なテクニックになります。

前章では、相手の無意識が送っているメッセージを読みとる方法について学びました。ここからは、相手の無意識に直接メッセージを送ることで、心を上手に操作する方法（マインドコントロール）を、「サブリミナル（本章）」と「話し方（次章）」から学んでいきたいと思います。

※本書では、非言語コミュニケーション全般を、広義の意味で「サブリミナル」と呼びます。狭義の意味での「サブリミナル」とは意味が異なりますが、「サブリミナル」＝「非言語を使った心理誘導」とご理解いただければ幸いです。

知覚していても意識していないものに、人は強く影響を受ける

サブリミナルでじゃんけんに勝てる？……………

■身近な刺激が与える影響

ふと気がつくと、「なんで今、この曲を？」という曲を鼻歌で歌っていることはありませんか？

大して好きな曲でもなく、最近の曲でもないのに、その曲が頭から離れず、つい口ずさんでしまいます。その選択は一体どこから来たのでしょうか？

理由はすぐにはわかりませんが、記憶の糸をたどっていくと、答が見つかることもあります。それは、先ほどテレビから流れていた曲かもしれません。その曲が大好きだった友達から来たメールの影響かもしれません。いずれにしても、それらの刺激を受けた瞬間には「これを口ずさもう」などとは思わなかったのに、しばらくしてから無意識的に歌ってしまったのです。

場合によっては、理由が見つからないこともあります。これは鼻歌だけでなく、日常の多くの選択にもいえることです。

今日、あなたはなぜその服を着ているのでしょうか？　なぜそのネクタイを締めているのでしょうか？　なぜそのアクセサリーを身につけているのでしょうか？

理由を説明することはできますか？

もし、理由を説明できなかったとしたら、それは「自分で選んでいないから」です。それらの選択は、意識の向いていないところで受けた刺激の結果なのです。

サブリミナルの基本は、「選ばせたいものを、意識の向いていないところに提示する」という単純なものです。**人は、選択を迫られたときに選択する根拠がない場合、周りからアイデアを借りて答を出そうとします。**

普段はコマーシャルなど熱心に見ていなくても、店で商品を選ぶとき、ついコマーシャルで見たほうを選んでしまうことがあります。同じような商品が同じ値段で売っていて、どちらのメーカーにも悪い印象がないとき、合理的にどちらが良いのかを判断することはできません。そこで無意識的に、コマーシャルを通して**より接触頻度の高かったほうを選んでしまう**のです。

■じゃんけんではパーを出せ

第1章の冒頭で、私とじゃんけんをしていただきました。もしそのとき、あなたがグーを出していたとしたら、それもサブリミナルの影響かもしれません。

理由は簡単です。**「最初はグー」の「グー」に、あなたは影響されたのです。**

「そんなはずはない」と思われるかもしれませんが、サブリミナルはこのように単純なのです。テレビでじゃんけんをしていたら、どんな手が出されるか観察してみてください。「最初はグー」からじゃんけんをした場合、つられてグーを出す人が多いことに気がつくでしょう。

ですから、じゃんけんで勝ちたければ、「最初はグー」のあとにパーを出せばよいのです。

もちろん、「最初はグー」のあとでチョキやパーを出す人もいます。これは、日本人がじゃんけんに慣れすぎているためです。

自分にとって、まったく価値の同じものの中から、瞬時にひとつを選ばなければならないとき、人はサブリミナルに強く影響を受けます。

たとえば山で道に迷い、目の前の分かれ道をどちらに進むか選ばなければならないとしましょう。地図や標識などの手がかりは一切ありません。そんなとき、片方の道で鳥が鳴いたら（もしくは片方の道だけ日当りが良ければ／片方の道にだけ知っている花が咲いていたら）、それだけでそちらの道が選ばれる可能性は高くなるのです。

しかしじゃんけんの場合、理性が「何を出したら勝てるのか？」を考えて介入してくることがあります。すると、無意識が受けた影響よりもそちらが優先されます。「じゃんけんではチョキを出すと勝ちやすい」などと経験的に学んだ人は、外部からの刺激に影響を受けないのです。

また、じゃんけんをすることが決まってから、実際に手を出すまでの時間が長ければ長いほど、他の刺激にも影響されはじめます。

従ってこの方法は、じゃんけんに慣れていない人（じゃんけんを知らない外国人など）に対して、より効果的です。

そして、相手に考える隙を与えてはいけません。不意打ちでこちらから「最初はグー」とはじめて、「もう？」と**相手をパニック状態にしてください**。「理性を処理不能にさせる」ことで、人の心は操りやすくなるからです。

■心理誘導は合わせ技で

この「じゃんけんテクニック」に限らず、本書でご紹介するテクニックは、100%相手を操れる方法ではありません。**あなたが選んでほしいものを、相手に選びやすくさせる方法**です。

残念ながら、人の心は機械ではありませんので、どんなときでも決まった反応を返してくれるわけではないのです。

ですから、周りの人とじゃんけんをして、パーを出して勝てなかったとしても、すぐに「使えない」と諦めないでください。33%だった勝率が、35%になったとしたら、それは大きな変化です。

私は時々、庭で育てているブルーベリーのための肥料をホームセンターで選ぶことがあります。お店にはいろいろな種類の肥料が売られていますが、「これだけあげていれば必ず収穫できる」などという肥料は売られていません。

いくら肥料をあげても、植わっている土が悪ければブルーベリーは成長しませんし、適切な剪定をしなければ花芽がつきません。水遣りを怠れば枯れてしまいますし、水をあげすぎると根が腐ってしまいます。

肥料をあげる技術だけでなく、土作りの技術、剪定の技術、水遣りの技術などが合わさって、はじめて満足のいく収穫が得られるのです。

心理誘導もそれと同じです。

ひとつのテクニックで勝負していては、それはただのギャンブルです。**使えるテクニックを組み合わせて確率をあげる**ことを、絶えず考えてください。

どのように心理誘導を実践すればよいか、次章の「〈ケーススタディ〉テレビを安く買う方法」でご紹介しました。テクニックの組み合わせ方は、そちらを参考にしてみてください。

❶意識の向いていないところに提示するだけで、それを選ばせることができる

イエスセットは難しい

■すぐに身につく条件反射

ここでもうひとつ、実験をしてみましょう。

【実験】

ボールペンを人差し指と親指で、落ちるか落ちないかのギリギリの力でつまんでください。反対の手はボールペンの少し下に広げて、いつボールペンが落ちてきても受け取れるように準備してください。

そして心の中で、「ひとつ、ふたつ、みっつ」と数えたあと、力を抜いてボールペンを落としてください。

この「3つ数えてボールペンをわざと落とす」という作業を、3回くり返します。
次に、同じように人差し指と親指でボールペンを緩くつまみます。
そして今度はただ、「ひとつ、ふたつ、みっつ」と心の中で数えてみてください。

どうなりましたか？　わざと落としたわけではないのに、ボールペンが勝手に落ちてしまったのではないでしょうか。

たった3回くり返しただけで、「3つ数えるとボールペンが落ちる」という自動処理が身についてしまいました。

このように、**無意識は簡単に条件反射の回路を作ってしまいます**。物事が習慣化するためには、決して長い時間と労力は必要ありません。（同様に、せっかく身についた習慣も、くり返さなければすぐに消えてしまいます）

「条件反射が簡単に身につく」という人の性質を利用したテクニックに、「イエスセット」があります。答が「イエス」になる質問をくり返すことで、「この人の発言にはイエスと答える」という自動処理を作りだし、相手に「イエス」を言いやすくさせる話法です。

■不自然なイエスセット

あなたもこんな電話を受けたことがあるかもしれません。

勧誘員「今、少しお時間よろしいでしょうか？」
あなた「はい（イエス）」
勧誘員「現在、インターネットはご使用ですか？」
あなた「はい、使っています（イエス）」
勧誘員「インターネットの料金って、結構お高いですよね？」
あなた「そうですね（イエス）」
勧誘員「同じサービスが、今よりもずっとお安い料金で受けられたら、そちらに乗り換えたいと思われませんか？」
あなた「はい、安ければ（イエス）」

実際にはここまで単純な誘導ではないかもしれませんが、このように**何度も「イエス」と言わされると、次第に「ノー」を言いにくくなっていきます。**

イエスセットは基本的な心理テクニックですので、心理学をうたった実用書で目にすることがあります。また、電話営業や訪問営業の勧誘員が使っているマニュアルにも、イエスセットを使った会話例が書かれていますので、私たちは知らないうちに、イエスセットを仕掛けられていることになります。

しかしこのテクニック、宣伝されているほど有効なのでしょうか？

答はノーです。イエスセットは、実はとても難しいテクニックなのです。

まず、相手がイエスと答える質問をくり返すことは簡単ではありません。前述の例をもう一度読んでみてください。どの質問にもノーと答えることは可能です。

あなたは話している時間はないかもしれませんし、インターネットを使ってはいないかもしれません。料金は安いと感じているかもしれませんし、乗り換える手間を考えたら、今のままでよいと思っているかもしれません。

かといって、イエスと言わせるために、「あなたは日本に住んでいますね？」とか、「あなたは女性ですね?」といった当たり前の質問をくり返すわけにもいきません。

また、**人はそう思っていても、他人に強制されると認めたくなくなる**ものです。ひとたび自分の立場を表明してしまうと、それによって一貫した行動を求められることになり、自由を失うからです。

「インターネットの料金って、結構お高いですよね?」という質問に、「はい」と答えるということは、それ以後のセールスに付き合うことを意味します。たとえ普段から「インターネット料金は高いなぁ」と思っていたとしても、セールスに興味がなければそれを認めることはできません。

さらに、誰でも一度や二度は、イエスセット的な流れで言いたくもない「イエス」を言わされた経験があります。よって、誘導尋問のような質問がくり返されるだけで、それこそ条件反射的に「ひっかかってはいけない!」と警戒するのです。

セールスだけでなく、**NLPや心理学をかじった人の仕掛ける付け焼刃なイエスセットは、どこか不自然です**。

その不自然さは必ず相手に伝わります。

仮に相手がイエスと答えてくれても、それは不自然な質問に対する不自然なイエスに過ぎません。相手はイエスと言わされたことを、快く思っていない可能性があるのです。

イエスセットで引き出したイエスは、不自然なイエスの可能性がある

「逆イエスセット」で「はい」と言わせる……

■逆イエスセット

残念ながら、イエスセットはどんな場合でも使えるテクニックではありませんでした。

しかし、サブリミナルを使うことで、簡単にイエスを言いやすくさせる方法があります。

それが**「逆イエスセット」**です。

イエスセットは、「相手にイエスを言わせつづけることで、イエスを言いやすくさせる方法」でしたが、**逆イエスセットは、「自分からイエスを言いつづけることで、相手にもイエスを言いやすくさせる方法」**です。

会話はキャッチボールに例えられることがあります。キャッチボールでは、とりやすいボールを投げてくる人もいれば、とりにくいボールを投げてくる人もいます。とりやすいボールを投げてくる人には、こちらもとりやすいボールで返したくなりますし、とりにくいボールを投げてくる人には、こちらもとりにくいボールで返したくなります。

たとえば、悪口を言われると、こちらも悪口を言いたくなりますが、褒められると、悪口は言いにくくなります。それと同じように、**こちらがイエスというボールを投げつづけると、相手はノーで返しにくくなり、次第に相手もイエスで返してくれるようになる**のです。

先ほども書きましたが、相手がイエスと答えてくれそうな質問をくり返しても、実際に相手がイエスと答えてくれるとは限りません。

しかし、相手にイエスを伝えることは、こちらで自由にすることができます。それゆえ、逆イエスセットは確実なのです。

逆イエスセットで相手にイエスを伝えるには、言葉ではなく、しぐさを使います。言葉で伝えることも大切ですが、言葉では圧倒的に回数が足りません。また、話の途中で無理に肯定的な相槌を打てば、相手が肯定してほしくない部分まで肯定してしまう危険性があります が、しぐさなら、相手の話を邪魔することなく、イエスを伝えられます。

しぐさでイエスを伝えるのは簡単です。**頻繁に頷けばよいのです。**頷くことで、肯定的な空気が充満していき、相手も否定しにくくなっていきます。

頷くタイミングは、文章の終わりごとでは足りません。句読点ごとに頷くくらいのつもりで、頷いてみてください。

むかしむかしあるところに、**〈頷く〉**
おじいさんとおばあさんがいました。**〈頷く〉**
おじいさんは山へ柴刈りに、**〈頷く〉**
おばあさんは川へ洗濯に出かけました。**〈頷く〉**

これくらい頷いても大丈夫です。

頻繁に頷くのは不自然ではないかと思われるかもしれませんが、相手の話に同期して頷いているのであれば問題ありません。

相手は話をすることに夢中ですから、間違っても「この人は頷きすぎだ」などとは思いません。

どうか、頷きすぎるくらい、頷いてください。

■頷くだけで話題をコントロールする

頷くことには肯定の意味だけでなく、「あなたの話を聞いていますよ」という意味もあります。私はときどきセミナーでお話しすることがあるのですが、参加者の皆様に動きがないと、「ちゃんと伝わっているのだろうか」と不安な気持ちになります。反対に、大きく頷きながら聞いている方が数名いらっしゃるだけで、どんどん調子が上がっていきます。

一生懸命書いたメールに返信がなかったら、とても不安な気持ちになりますし、一生懸命つくった料理を無言で食べられたら、何だかガッカリしてしまいます。どんな反応でも、反応があるだけで人は安心します。**頷くことは、相手を安心させ、心の距離を縮める最良の方法**なのです。

あなたが頷くことでイエスを伝えると、相手もあなたの言葉にイエスで返すようになります。そしてあなたの「イエス」を維持するために、やがて相手のほうから、あなたが頷きやすい話をしてくれるようになります。

一度できあがった肯定的な空気を自分から壊すことは、とても難しいからです。

逆イエスセットをしているときに、もし相手がこちらの受け入れられないような話を始めたら、会話は同じように続けながら、わざと頷くのをやめてみてください。

相手の無意識はすぐに、こちらが乗り気ではないことに気がつきます。そして肯定的な空気に戻すために、話の内容をこちらに合わせてきます。これらの変化は無意識の中で起こりますので、相手の理性は、自分が受け入れられない話をしていたことにも、自分が方向転換したことにも気づきません。

そして話が受け入れられる内容に戻ったら、再び頷きはじめてください。

頷くだけで相手を心地よくさせることができるのですから、それを与えたり取り上げたりすれば、話題を自由にコントロールできるのです。

■裏技でイエスと言わせる

頷くことにはもうひとつ、アグレッシブな使い方があります。

じゃんけんでは、「最初はグー」に影響されましたが、頷くことも同じです。

こちらが頷くと、相手も反射的に頷きたくなるのです。

この原理を使うと、一層相手にイエスを言わせやすくなります。相手にイエスを言わせたい質問をするとき、**質問が終わるか終わらないかのタイミングで、こちらから小さく頷いてみせればよい**のです。

「今日、飲みに行かない？〈**頷く**〉」

もちろん相手に予定があれば上手くいきませんが、予定がなければ、相手がイエスと言ってくれる可能性は高くなります。単純にイエスかノーかで答えられる質問をするときには、試してみてください。

この方法は、「あっち向いてホイ」で指先につられるのと似ていますので、たとえ相手がイエスと答えたところで、「イエスと答えるつもりはなかったのに答えてしまった」可能性が残ります。

相手は自分の出した答に後悔するかもしれませんし、そんな答を出させたあなたを面倒に思うかもしれません。

使い方には十分気をつけてください。

■多く頷く「できる」人たち

「頷く」という当たり前の動作に、本当にそんな力があるのか、疑問に思っている方もいらっしゃることでしょう。そんな方は、一日でよいので、周りに対して頷きつづけてみてください。

たったこれだけで、相手は安心し、表情まで変わることに気がつくはずです。会話が弾み、相手との間に親密な空気を感じるはずです。そしてあまりの変化に、「今まで自分はどれだけ頷いてこなかったのだろう」とびっくりされるかもしれません。

どうか、自分ではやりすぎだと感じるくらい頷いてみてください。**頷くことであなたが失うものは何もありません。**準備もいらなければ、何の努力もいりません。

テレビをつけてみてください。「できる」人たちの中に、人よりも多く頷いている人がいることに気がつくことでしょう。その人たちは、頷くことの力を知っているのです。今度はあなたが、その力を使ってみる番です。

❶ 頷くだけで相手も頷くようになり、イエスを言わせやすくなる

サブリミナルで頷かせる

■間違える理性と正しい無意識

十字路を想像してください。その手前の右側に、大きな空き地があります。あなたはその十字路を右に曲がりたいのですが、空き地を横切ればかなりの近道ができます。あなたは急いでいて、周りには誰もいません。

このときあなたは、次のどちらのほうが、空き地の中に入りづらいでしょうか?

①空き地に囲いがなく、「中に入らないでください」という看板だけが置かれている
②看板はなく、周囲に胸の高さでロープが張られている
(胸の高さですから、ロープは簡単にくぐることができます)

①は言語的に、②は非言語的に、空き地の中に入ってはいけないことを伝えています。

①の場合、理性が「中に入らないでください」というメッセージを処理しますので、状況によっては、「急いでいるから」、「みんな中に入っているから」という反論が心の中に浮かびます。そして理性が、「中に入っても構わない」という結論を出す可能性があります。

一方、②の場合は、中に入ることを無意識的に禁止されますので、理性の反論は役に立ちません。中に入ることが「なんとなく嫌」に感じます。

①のほうが中に入りづらいと感じた方もいらっしゃると思いますが、もしあなたが空き地の所有者ならば、看板を立てるよりもロープを張るべきです。

妻に、「あなたなんて嫌い！」と言われた夫は、本当に嫌いなのか、駆け引きで言っているのか、それとも何か怒らせてしまったのかと理由を考え、「嫌い」を本気にしない可能性があります。言語的なメッセージには解釈の余地があるのです。

しかし、妻が自分の洗濯物を割り箸でつまんでいたら、それは見たままの意味であり、解釈の余地はありません。嫌われていることがダイレクトに伝わります。

空き地に人を入れさせないのもそれと同じです。**人は言語的な情報よりも、非言語的な情報に影響されやすい**のです。

「理性的」という言葉には、道徳的で正しい行いをするようなイメージがありますし、「本能的（もしくは無意識的）」という言葉には、欲望を満たすためならば自分勝手に振る舞うイメージがあります。しかしそれは間違いです。**理性的な人は、理性的に間違ったことをする可能性があり、本能的な人は、本能的に正しいことをする可能性がある**のです。

理性に訴えれば、いつも相手が正しく応えてくれるわけではありません。

■縦じまの服で勝負

腕を組むことについて前章で考えましたが、腕が組まれると心を閉ざされたように感じるのは、空き地に張られたロープと同じです。体の前で腕が横に伸びていると、それは「ここからは入ってくるな」というサブリミナルになるのです。

また、腕を組むと体の前に×印ができますので、相手に対して×のメッセージを送ることにもなります。

理性に訴えるよりも、無意識に訴えたほうが効果的

無意識は、目から入ってくる非言語的な情報に、理性で思っている以上に影響を受けます。たとえば、目の前にいる人が横じまの服を着ているだけで、人は首を横に振りやすくなります。そして**縦じまの服を着ているだけで、首を縦に振りやすくなる**のです。

右手の人差し指を、まっすぐ上に立ててみてください。そしてその指を見つめながら、首を横に振ってみてください。指を見つめているので、首を横に振ると、それに合わせて眼球が動くのが感じられるはずです。

今度は反対に、立てた指を見つめながら、首を縦に振ってみてください。横に振っていたときほど眼球は動かず、引っかかりが少ないのがわかるでしょう。縦に伸びているものを見ているときは、首を縦に動かすほうが楽なのです。

ですから、相手にイエスと言ってもらいたい日には、縦じまの服が有効です。これだけでイエスを言わせることはできないかもしれませんが、他のテクニックと組み合わせることで、イエスと言ってもらえる確率は高くなります。

ボディランゲージで話し上手になる……

■相手に伝わる話し方

言葉を話しているとき、理性は「何を話すか」ばかり考えていますので、非言語的な表現にまで気が回りません。話に集中すればするほど、口調やしぐさは無意識に任せきりになります。

一方、聞く側は言葉の意味だけでなく、**五感から受けるすべての情報を使って話を理解しようとします**。

相手の服装、髪型、表情、身振り、手振りなどの視覚情報や、声の大きさ、トーン、スピード、抑揚などの聴覚情報も、言語的なメッセージと同じように利用されます。

また、視覚や聴覚ほどではありませんが、嗅覚や味覚、触覚から受ける情報にも影響されることがあります。どんなに素晴らしい話をされても、その人から変な臭いがしているだけで、話に集中することはできません。出されたお茶菓子が口に合わなかったり、握手した手に力が入っていなかったりするだけで、それらは話の内容には関係ないはずですが、やはり何かしらの影響を受けます。

「相手に伝わる話」とは、非言語メッセージが話の内容と矛盾せず、むしろ修飾しているような話です。楽しい話を、楽しい表情と口調で話されると、こちらも楽しい気分になれますが、悲しい表情と口調で話されても、ちっとも楽しい気分にはなれません。

言語で表現しきれなかった情報を、いかに非言語で表現できるかが、話の上手な人と下手な人の別れ道なのです。

■手を動かすだけでもっと伝わる

話の内容を非言語で修飾する方法のひとつに、ボディランゲージがあります。

ボディランゲージの上手な人の話を聞いていると、情景が次々に浮かんできます。「この前、50センチの魚を釣ったよ」と言葉だけで表現されるよりも、両手を肩幅に広げて、「この前、これくらいの魚を釣ったよ」と表現されたほうが、魚の大きさを楽にイメージできるのです。

位置関係や形など、言葉で表現することが難しい内容は、特にボディランゲージが有効です。

言葉は、内容が伝わればよいというものではありません。なるべく頭を使わなくても理解できるように話せば、それだけ相手の集中力は持続しますので、話の世界に引き込むことができます。そして話に意識が固定されている間、相手は理性のチェックが弱まることで、あなたに影響されやすくなるのです。

ですから、言葉で表現することが難しい内容だけでなく、言葉だけで十分に伝わるような内容も、手や体を使って表現してみてください。

ボディランゲージに慣れていらっしゃらない方は、体を動かすことが恥ずかしく感じられるかもしれませんし、やりすぎると不自然ではないかと心配になるかもしれません。

しかし、頷くことと同様に、ボディランゲージもやりすぎて不自然ということはありません。恥ずかしがらず、話す内容に合わせて手や体を動かしてみましょう。

■ボディランゲージの基本

ボディランゲージをしようとしても、はじめはどうすればよいか戸惑うことでしょう。そんなときは、**そのとき行われた行動を再現してみる**ことから始めてください。

たとえば、「パッと横を向いたら」と話すときには、実際に横を向いてみてください。「ドアをノックする音が聞こえた」と話すときには、ドアを叩く真似をしてみてください。車を運転していたときの話ならば空想のハンドルを握り、野球の話ならばバットを構えるポーズをしてください。それだけで、臨場感はぐっと高まります。

登場人物を右手と左手で表現する方法も有効です。

たとえば、Aさんを右手、Bさんを左手に割り振り、Aさんの話をするときには右手を、Bさんの話をするときには左手を動かします。話の内容に合わせて動かしたほうがよいですが、ただ振るだけでも構いません。それだけで、誰についての話なのかがわかりますので、聞いている人は理解しやすくなります。

そして、AさんとBさんが仲良くなったのならば右手と左手を近づけ、反対に仲が悪くなったのならば遠ざけることで、二人の関係性を表現することもできます。

関連する場所を触るのも、簡単ですが効果のある方法です。自分の話をするときには自分の胸に手を置き、考えたり悩んだりしているときには頭を指差し、美味しいものを食べた話ならばお腹を触ればよいのです。

まるで手話のように、話の内容をそのまま表現することだけが、ボディランゲージではありません。口調が話の内容を修飾するのと同じように、手の動かし方で話の内容を修飾することもできます。大きな手の動きには大きな声を出しているのと同じ効果があり、小さな手の動きには小さな声、ゆっくりした手の動きにはゆっくりした口調と同じ効果があるのです。ボディランゲージが苦手な方は、声の大きさやスピードに合わせて、ただ手を動かす練習をしてみてください。

本来、ボディランゲージは意識的に行うものではなく、無意識的に「出てしまう」ものです。ボディランゲージに慣れていない人でも、**エンジンさえかけてあげれば、あとは無意識が勝手に体を動かしてくれます**。文章の句読点のところで手を小さく振るだけでも構いません。エンジンがかかるまで、意識的に手を動かしてみましょう。

ボディランゲージは臨場感を高め、話を理解しやすくさせる

「アンカリング」で感情を操る

■ボディランゲージの戦略的利用法

ボールペンを落とすことで、学習が簡単に起こることを体験していただきましたが、人は話を聞いているときも、無意識のうちにその人のパターンを学習し、話の内容を自動的に理解しようとします。

落語家は、一人で何役も演じますので、役ごとに体の向きを変えて、今はどちらの人が話しているのかを表現します。聞く側はそれを学習することで、誰のセリフなのかを考える必要がなくなり、理性に負担をかけずに話の世界に入っていくことができるのです。

この学習を利用すると、**ボディランゲージを行うだけで、相手に気づかれることなく印象を操作できます**。

先ほどは、本来は無関係な「３つ数える」ことと「ボールペンが落ちる」ことを、何度もくり返すことで結びつけ、無意識の中に自動処理を作り上げました。

今度はそれを、「感情」と「空間」や、「感情」と「手の動き」という無関係なもの同士で行えばよいのです。

話をするとき、話の中にはプラスの話（良い印象を与える話）とマイナスの話（悪い印象を与える話）があります。オリンピックで金メダルを取った人の話や、美味しいレストランの話はプラスの話ですし、不景気や、車が故障してしまった話はマイナスの話です。

たとえば、プラスの話をするときには右脚に重心をのせて話し、マイナスの話をするときには左脚に重心をのせて話すと、話によって顔の位置が、右や左に若干ずれることになります。


それをくり返すと、相手の無意識は「顔の位置」と「プラス／マイナスの感情」を、心の中で結びつけてしまいます。


このようなパターン化を、**「アンカリング」**と呼びます。

感情がアンカリングされると、条件が刺激されただけで、感情が呼び起こされます。右脚に重心をのせて話せば、相手は条件反射的にその話にプラスの感情を抱くようになりますし、左脚に重心をのせて話せば、マイナスの感情を抱くようになるのです。

この方法を使えば、お客様にプレゼンをする際、暗示的に自社製品にはプラスの印象を、他社製品にはマイナスの印象を刷り込むことができます。

アンカリングを十分にしたあと、自社製品の話は右脚に重心をのせて話し、他社製品の話は左脚に重心をのせて話せばよいのです。言葉で自社製品を褒める必要もなければ、他社製品をけなす必要もありません。重心を変えるだけで、お客様の心には自動的に感情が湧いてきます。

ステージ上でスピーチをしているときなど、空間を広く使えるときには、**ステージを歩くことでもアンカリングすることができます**。

たとえば、プラスの話をするときにはステージの右側まで行って話し、マイナスの話をするときにはステージの左側まで行って話せばよいのです。そうすることで、聴衆は右側で話される話を好意的に聞くようになります。

空間を利用することが難しいときには、**手の動きにアンカリングしても構いません**。プラスの話をするときには右手だけでボディランゲージをし、マイナスの話をするときには左手だけを使うようにすると、右手の動きとプラスの感情が結びつきます。

■感情を自由に引き出す

アンカリングをする際、プラス／マイナスという分け方にとらわれる必要はありません。好き／嫌い、リラックス／緊張など、**対立する感情を別々のものに結びつけることができれば、それらの感情を自由に引き出すことができます。**

手術前の子供から、手術に対する恐怖心を取り除きたいのであれば、怖い話をするときには子供の左手を握り、楽しい話をするときには右手を握ってアンカリングします。そして十分にくり返した後に、右手を握りながら手術についての話をすると、子供の心は手術を楽しいこととして認識するのです。

対立する感情の両方をアンカリングするとコントラストが生じますので、片方だけの場合よりも結びつきをはっきりさせることができます。

しかし、必ずふたつの感情をアンカリングしなければならないわけではありません。場合によっては、ひとつの感情だけをアンカリングすることも可能です。

また、結びつける感情も、会話によって引き出さなくても構いません。**すでにその人の中で起こっている感情をそのまま利用してもよい**のです。

たとえば、恋人とバラエティ番組を見ているとき、恋人が笑うたびに、一緒に笑いながら恋人の肩をポンポンと叩くと、「肩を叩かれる感覚」と「楽しい感情」が結びつきます。すると、関係のないときでも肩をポンポンと叩かれるだけで、相手は楽しくなるのです。

このように、ボディランゲージは話の内容を修飾するだけでなく、話では触れていない内容を暗示するためにも使うことができます。

通常のボディランゲージは無意識的に行うこともできますが、**アンカリングは、十分な準備と忍耐強い実行がなければ効果は得られません**。まずはプレゼンやスピーチなど、準備に時間をかけられる場面で試してみてください。

アンカリングで、相手の感情を自由に引き出すことができる

握手で要求を通す

■一点を見つめさせて自由な思考を奪う

病院で、待ち時間に本を読まれる方も多いと思います。しかし、「あとどれくらいで呼ばれるだろう?」、「呼ばれた声がちゃんと聞こえるだろうか?」などと考えていると、なかなか集中して読むことができません。

理性は一度に複数のことができませんので、名前を呼ばれることに意識が固定されると、他のことができなくなってしまうのです。

私たちの意識は、日常生活の中で、頻繁に何かに固定されています。そして「何かに意識が固定されている状態」では、理性のチェックが弱まることで、周りの影響を受けやすくなります。ですから、この状態を意図的に作ることができれば、相手の心は操りやすくなるのです。

意識を固定するにはいろいろな方法がありますが、まずは視覚の固定について考えてみたいと思います。

前章の「『視線の動きで嘘がわかる』は間違い」で述べた通り、人は考えるときに視線を動かします。より刺激の少ないところに視線を動かすことで、思考に集中するためです。

逆に、**視線を固定することができれば、相手の自由な思考を奪うことができます**。よって、心理誘導を行うときには、何か一点を見つめさせればよいのです。

たとえば、付き合いはじめたばかりの恋人と、デート中にさりげなく手を繋ぎたいのであれば、話しながら歩いているときよりも、一緒に映画を見ているときのほうが適しています。

話しながら歩いているときは、相手の意識が自由に動くため、手を繋ぐタイミングを見極めるのは簡単ではありません。しかし、映画を見ているときならば、意識はスクリーンに固定されていますので、あなたが手を差し伸べれば、相手は自動処理で握り返してくれるのです。

デートで夜景を見ているのであれば、ただぼんやりと眺めるのではなく、「スカイツリーのライトアップがすごく綺麗だね」、「ベイブリッジの光って点滅しているんだね」などと言って、何かの光に相手の意識を誘導してください。

薄暗い場所で光っている一点を見つめさせる方法は、催眠でも使われるほど強力なテクニックです。瞳孔が開き、目が疲れることで、視覚の固定による効果がさらに高まるのです。

このテクニックは、人に影響を与えようとする様々な場面で応用されています。コンサートや講演会などで、客席を暗くするのは、ステージ上でスポットライトを浴びている人の影響力を高めるためです。多くの宗教が、儀式の際にローソクを灯すのも、決して偶然ではありません。

光を見つめている間に語られる言葉は、通常よりも遥かに影響力が増しています。一点を見つめさせたら、次章でご紹介する「話し方」のテクニックを使って、実際に相手の心を動かしてみましょう。

■ボディタッチの効果は絶大

意識の固定は視覚だけでなく、五感すべてに対して行うことができます。

病院の待合室では、意識は聴覚に固定されていました。料理の味見を頼めば味覚に固定できますし、香水を一緒に選んでもらえば嗅覚に固定できます。短い時間かもしれませんが、それらの瞬間は心理誘導のチャンスです。

私たちは普段、むやみに他人の体には触れませんし、触れられることにも抵抗があります。ですから、**ボディタッチによる触覚の固定は簡単ではありません。しかし上手くいけば、絶大な効果が得られます。**

苦しいときに背中をさすられて、苦しみが和らいだ経験はありませんか？　背中をさすられて楽になるのは、意識が背中に固定されることで、痛みに向きにくくなるからです。

子供が小さいうちは、親とスキンシップをする機会が多くありますので、子供は親の影響を強く受けます。恋人も肌を触れ合う機会が多いため、お互いに影響しあいます。患者は診療中の医師に影響を受けますし、手相占いに人々がはまるのも、手に触れられている間、占いの言葉が心に入りやすくなるからです。

これらの例は、どれも依存するだけの理由がありますので、体に触れることだけが影響力の原因ではないかもしれません。

しかしそれでも、触れることの力は決して小さくありません。

■握手は絶好のチャンス

親しい間柄でもない限り、相手に触れてよい理由などあまりありませんので、触覚の固定は簡単にはいきません。数少ないチャンスですが、誰に対しても可能性のある方法として、ここでは握手による意識の固定について考えてみたいと思います。

結論から書きますが、**握手をしている間、相手はあなたに影響されやすくなります**。相手にイエスを言わせたければ、握手の最中は絶好のタイミングです。そしてその握手は、こちらから不意に求めた握手であれば、より効果的です。

握手をするとき、こちらから手を差しだすのは勇気が必要です。握手ができそうなタイミングもそれほど多くありません。また、目上の人に握手を求めたり、男性が女性に握手を求めたりするのはマナー違反だと考える人もいますので、握手を許される対象も限られます。しかしそんなルールは一度忘れてください。

今まであなたは、握手を求められて、それを拒否した経験はありますか？　もしくは握手を求めて、それを拒否された経験はありますか？　私はどちらも、一度もありません。目の前に差しだされた手は、なかなか拒否できるものではありません。安心してこちらから握手を求めてください。

日本人は欧米人に比べると握手の習慣がありませんので、お辞儀をする感覚で握手をすることができません。よって、こちらから手を差しだすと、相手は条件反射ではなく、意識的に手を握り返すことになります。そしてそれが、握手をする場面ではなかったり、握手をする間柄ではなかったりすると、一瞬、頭の中が混乱します。

理性のチェックを無効化する方法に、「理性を処理不能にさせる」という考え方がありましたが、不意に握手を求めることで、一時的にその状況を作れるのです。

こちらから握手を求めたという事実は、こちらの立場が上であることを相手に暗示します。「目上の人に握手を求めるのはマナー違反」という考え方があるということは、握手を求めている側が目上であるということです。立場に明確な差がない場合、こちらから握手を求めるだけで、関係性をある程度決めてしまうことができるのです。そして、こちらの立場が上になれば、相手は無意識的に従いやすくなります。

せっかくですから、握手している最中は、相手の目を見つめてみましょう。握手の距離で目を見つめられると、相手は目を逸らすことができませんので、視覚も固定することができます。視覚の固定、触覚の固定、不意の握手による混乱、あなたの立場が上であるという暗示、これらすべてが一度に起こると、相手の理性はほとんど身動きが取れなくなります。そして握手をしている間、ノーを言えなくなるのです。

また、理性のチェックが働かなくなることに加え、「手を握る」という友好的な非言語表現をしている最中に、相反する言語表現である「ノー」を言うこと自体、とても難しくなります。

不意に握手を求め、相手の目を見つめて、堂々と要求してみてください。

余談ですが、ボディタッチの多い女性に男性がコロッとやられてしまうのは、握手と同じように、触れられている間、男性の思考が停まってしまうからです。それだけで男性は優位に立てなくなり、女性の言いなりになってしまいます。

さりげなく腕に触れたり、相手の膝にそっと自分の膝を当てたりするのは、女性だけに許された、男性の心を操るテクニックなのです。

❶ 視覚や触覚に意識を固定させると、影響力を高めることができる

第４章

言葉で操る技術

断られない「話し方」で思いどおりに動かす

「連結法」で否定を封じる

■人生を変える何気ない一言

小学校を卒業して、中学に入学するまでの春休みの出来事です。私は3つ上の姉と、駅までの道を歩いていました。姉は私よりもずっと背が高く、私は声変わり前の子供でした。歩いていると、突然姉がこう言いました。

「もっと速く歩きなさいよ！　中学に入ったら誰もゆっくり歩かないんだよ！」

確かに私は、姉に比べれば歩くのが遅かったのですが、それは年の差によるもので、同年代と比べて足が遅いという自覚はありませんでした。私はその言葉に驚いて、早足で姉についていきました。

それから私は、一人のときも速く歩くことを心がけるようになりました。そして気づいたときにはそれが習慣になっていました。友達からときどき、「なんでそんなに速く歩くの？」と言われたほどです。

姉の放った「中学生は速く歩くのだ」という一言が、私の歩き方を変えてしまったのです。

いま思えば、姉の言葉は見事な心理誘導でした。

あなたにも、誰かの何気ない一言に影響された経験があることでしょう。他の人に同じようなことを言われたことはあったのに、なぜそのとき、その一言にだけ、あなたは影響されたのでしょうか？

それは**その言葉に、心を動かすカラクリがあったからです**。

理性が処理するはずの言葉が、「理性のチェックをすり抜ける」ことで、無意識に直接届いたのです。

本章ではそんな、「人に影響を与える話し方」について考えていきたいと思います。

ここで学ぶ「話し方」は、会話だけでなく、文章を書くときにも使うことができます。

プレゼンやスピーチの原稿、メール、小説、コピーなどを書くときにも、ぜひ使ってみてください。

■「○○だから□□」の魔力

私の歩き方が変わってしまった理由は、一体何だったのでしょうか？

もし姉が、「もっと速く歩きなさいよ！」とだけ言ったのなら、私の心が動かされることはなかったのではないかと思います。「もっと勉強しなさい」とか、「もっと家の手伝いをしなさい」と言われるのと同じで、そこには反論の余地があるからです。「子供としては決して遅いわけではない」と開き直ることはできたはずです。

しかし姉の求めたことは、「子供として速くなれ」ではありません。「あなたはこれから中学生になる」、「中学生とはもっと速く歩くものだ」、「だから中学生になるあなたも、速く歩かなければならない」ということでした。

本来、「中学生になる」ことと「速く歩く」ことには何の関係もありません。しかし、「中学生になるのだから速く歩け」とふたつを連結されると、中学生になることが速く歩くことの理由になりますので、中学生になろうとしている私には、簡単に拒否できなくなってしまったのです。

このように、**本来は無関係なもの同士を繋げることで、否定しにくくさせる話法を、**

「連結法」と呼びます。

人には「理由づけされると無批判になる」という性質があります。その理由が正しいかどうかにかかわらず、「○○だから□□」といった構文自体が、人の心を動かすのです。

■「事実＋暗示」

連結法の基本は**「事実＋暗示」**です（特定の考えを刷り込むことを、「暗示」と呼びます）。

「一人っ子だから、わがままなんだね」と言われると、それが事実のように響きますが、ここで事実なのは「一人っ子」だけで、「わがまま」は暗示です。暗示だけならば否定することは簡単ですが、このように事実と暗示を連結されると、事実は受け入れて、暗示だけを否定することがとても難しくなります。

ある芸人さんが、街で素敵な女性と仲良くなり、メールアドレスを交換することになったそうです。アドレスを交換したあと、「いつでも連絡してくださいね」と言って女性は帰っていきました。すると、それを見ていた一人のおばさんが近づいてきました。おばさんは自分の携帯を取り出すと、「あの、私とも交換してもらえますか?」と言いました。彼はどれだけ頭を回転させても、断る理由が見つかりません。目の前で女性とアドレスを交換しているので、「できないです」とは言えないのです。そして結局は、おばさんともアドレスを交換することになったそうです。

この芸人さんのように、**人は片方を受け入れると、もう片方も受け入れざるを得ません。**連結法は、それを利用しています。

入院中の友人を励ますことを考えてみましょう。単純に「すぐに良くなるよ」と励ましても、そこには何の根拠もありませんので、友人の心には響きません。しかし、**「暖かくなれば良くなるよ」**と、「季節」と「回復」を連結すれば、ずっとその気になれます。「暖かくなる」ことは、決して「良くなる」ことの根拠にはなりませんが、それらが無関係であると否定することもできません。その可能性を否定できない限り、これから「暖かくなる」ことを受け入れると、同時に「良くなる」ことも受け入れることになるのです。

「嘘をついたのは、お前を愛しているからだ」といった言葉を信じてしまうのも、連結法の効果です。この発言によって、「この人の嘘は愛情表現になり得るのだ」ということを受け入れるしかなくなります。そしてこの方程式に当てはめれば、嘘をつかれたことが、愛されている証拠になってしまうのです。

■「暗示＋暗示」

連結法にはたくさんのバリエーションがあります。

男性に、**「あなたは優しいから、女の子に人気があるのね」**と言えば、「あなたは優しい」という暗示と、「あなたは女性に人気がある」という暗示のふたつを、同時に刷り込むことができます。これは**「暗示＋暗示」**の連結法です。

暗示がどちらかひとつだけならば、簡単に否定することができます。

しかし、このように**ふたつの暗示を連結されると、一度に両方について考えなければならなくなるため、理性が処理不能になり、否定することが難しくなります。**

「あなたは優しい」という前者の暗示は、「女性に人気がある」ことの理由になっていますので、まるで事実のように響きます。そしてそれを本人が認めてしまえば、「暗示＋暗示」が「事実＋暗示」に変わりますので、「あなたは女性に人気がある」という後者の暗示も認めるしかなくなるのです。

■「事実＋要求」

「新しいアトラクションができたから、ディズニーランドに行かない？」という言い方は、**「事実＋要求」**の連結法です。

「新しいアトラクションができた」というのは事実ですから、その事実を受け入れることで、相手はノーを言いにくくなります。断るということは、「ディズニーランドには行きません」という意味ではなく、「新しいアトラクションができたにもかかわらず、ディズニーランドには行きません」という意味になってしまうからです。

ディズニーランドに行かない理由だけでなく、新しいアトラクションに興味がない理由も説明しなければならなくなり、断ることのハードルが高くなるのです。

図書館のコピー機の前に並んでいる人に、「先にコピーをとらせてくれませんか？」と頼むと、どれくらいの人が承諾するかという実験が行われました。「先にコピーをとらせてくれませんか？」だけの場合、60％の人が承諾しました。

これに、「**急いでいるので**、先にコピーをとらせてくれませんか？」と理由をつけてみたところ、承諾率は94％まで跳ね上がりました。

そこで今度は、「急いでいるので」という正当な理由を、「**コピーをとらなければならないので**」、先にコピーをとらせてくれませんか？」と、形だけの理由に変えて実験してみたところ、それでも93％の人が、先にコピーをとらせてくれたそうです。

ですから、適当な事実がなければ、「**ディズニーランドへ行きたいから**、ディズニーランドへ行かない？」と、**形だけでも事実を連結したほうが、イエスと言ってもらえる確率は高くなります**。事実らしきものが述べられていれば、人は「事実＋要求」の連結法に反応してしまうのです。

■「要求＋要求」

「要求＋要求」も効果的な連結法の使い方です。

ただ「ピザをとらない？」と要求するよりも、**「ピザをとって、映画を見ない？」**と映画とセットで要求したほうが、相手は断りにくくなります。**ひとつの要求は断れても、ふたつの要求をふたつとも断るのは気が引けるからです**。

そして、「ひとつ目は受け入れたのにふたつ目は拒否する」ことも難しくなります。ピザと映画を連結すると、単体のピザや単体の映画を求めているのではなく、「ピザ＋映画」という組み合わせを求めていることになります。ひとつだけ承諾することは許されませんので、結局は両方とも受け入れるしかなくなるのです。

■「暗示＋要求」

「○○君は話すのが上手だから、司会をやってくれない？」という言い方は、**「暗示＋要求」**の連結法です。

ただ司会を頼むよりも、「話すのが上手だから」と理由をつけることで、相手は引き受けやすくなりますし、同時に「自分は話すのが上手なのだ」と自信を持たせることができます。

これに、さらに事実を連結して、**「事実＋暗示＋要求」**とすることもできます。

「関西の人って、関東の人より話すのが上手だから、司会をやってくれない？」

「○○君は話すのが上手だから、司会をやってくれない？」と頼まれたら、「いや、それほど上手じゃないです」と断ることはできるかもしれません。しかし、「関西人である○○君は話すのが上手だから、司会をやってくれない？」と、「話すのが上手」な理由に、「関西人である」という事実を連結されると、断るのはずっと難しくなります。

「あなたは話すのが上手だ」という相手の思い込みを覆すよりも、「関西人は関東人よりも話すのが上手だ」という一般論を覆すほうが、遥かに面倒だからです。

このように、**連結法は繋げれば繋げるほど複雑になり、ひとつならば簡単に否定できることも、否定しにくくなっていくのです。**

事実、暗示、要求を連結することで、相手は断りにくくなる

「分離法」で切り崩す

■占い師のトリック

私の知人が占いに行ったときに、「あなたは頑張りすぎている」と言われたそうです。彼女は自分が頑張りすぎているとは思えなかったので、占い師にそう告げると、占い師は「頑張っていることにも気がつかないほど頑張っているんですよ」と返したそうです。彼女はその返答に納得し、すっかり占いを信じてしまいました。

占い師は、「頑張りすぎていると思っていない彼女」を、「頑張りすぎていることに気づいていない彼女」と、「本当は頑張りすぎている彼女」に分離することで、彼女の「自分は頑張りすぎていない」という思いを否定せずに、「気づかないところでは頑張りすぎている」ことを認めさせたのです。

「気づいていないのだ」という主張を論理的に否定することは不可能ですから、「頑張っていることにも気がつかないほど頑張っているんですよ」と言われてしまったら、頷くほかありません。

連結法は、関係のない複数のものを繋げることで、いずれも否定しにくくさせる話法でした。反対に、**ひとつのものをあえて複数に分離することで、相手の意見を否定せず、同時に自分の意見も受け入れやすくさせる話法を、「分離法」と呼びます。**

■相手の一部分を味方につける

「**建前**ではなくて**本音**を教えてよ」というセリフを聞くことがありますが、これは典型的な分離法の例です。

建前を言ったつもりはなかったとしても、こう言われるとその発言は建前のように感じられ、「果たして自分の本音は何なのだろう？」と考えてしまいます。そして思いもしなかった「本音」を語ることになるのです。

占い師の言った「気づいていない自分」を否定できないのと同じで、相手の人格を何らかの概念で分離すると、相手はその存在を簡単には否定できません。そして一度それを認めてしまうと、後戻りができなくなります。

「**良心**に聞いてみなさい」、「**言葉**ではなく、**行動**で示してほしい」、「オフレコで、**個人**としての意見を聞きたい」、「**本当のあなた**を見せてほしい」、「**無意識的**にそうしたんじゃない？」、「**顔**に書いてある」、「**昔の君**なら、そうは言わなかったと思う」……、これらもすべて、相手を分離しています。

矛盾のない人などいませんから、相手の中の一部分でも味方につけることができれば、そこから切り崩すことができるのです。

■自分を分離して責任を回避する

「手伝いたい**気持ち**はあるけれど、**体**がついていかないんだよ」という言い方は、自分を「気持ち」と「体」に分離しています。実際には手伝わないのですが、手伝うことには同意していますので、相手もそれ以上を求めることができなくなります。

「**緊張**して失敗してしまった」という言葉の裏には、「緊張しなければできたはずだ」という主張が隠されています。「緊張した自分」を作りあげて分離し、失敗をその「緊張した自分」のせいにすることで、批判をかわしています。

このように、**自分を分離すると、部分を犠牲にすることで全体の責任を回避できます。**あなたにも、「忙しい自分」や「弱い自分」、「疲れている自分」などを理由にして、相手の要求や非難から逃れた経験があるかもしれません。

しかし、この「自分を分離する」というやり方は、実際には相手に納得してもらえないことがあります。あなたがいくら「忙しい自分」を分離しても、それが相手の目には「忙しいあなた」ではなく、「あなたそのもの」に映っている場合、言い訳にしか聞こえないのです。分離したものを、相手がリアルにイメージできなければ、分離法の効果は期待できません。

また、私たちはつい言い訳をしてしまいますが、たとえそれで相手の口を塞ぐことができたとしても、**言い訳はそんな自分を強固にするきっかけにもなります。**忙しさや弱さを口にしているだけで、それらがセルフイメージとなり、忙しさや弱さから、本当に逃げられなくなってしまうのです。

自分を分離するときには、それが「言い訳」に聞こえてしまう可能性と、分離した「〇〇な自分」から離れられなくなる可能性があることに、十分注意してください。

■行動、時間、量を分離して要求を通す

行動や時間、量などを分離すると、要求を受け入れてもらいやすくなります。

「するか、しないか」という選択を、「どれくらいするか」にすりかえることで、承諾のハードルを下げることができるのです。

たとえば、「**できること**からやっておいてくれない？」という頼み方をすれば、「できるか、できないか」ではなく、「できることは何か」を相手に考えさせることができます。

同様に、「**何時まで**なら残業できる？」は、「残業をするか、しないか」ではなく、「どれくらい残業できるか」を、「**話せる範囲**でいいから教えて！」は、「教えるか、教えないか」ではなく、「何ならば教えられるか」を相手に考えさせます。

「できること」、「残業できる時間」、「話せる範囲」を分離することで、それをすることが前提になるのです。まったくできる部分がなく、少しも残業できず、すべて教えることができなければ、拒否することもできるかもしれませんが、そうでなければ承諾せざるを得ません。

また、「どれくらいするか」といった「行動の量」ではなく、**「行動の意味」を分離することでも、承諾のハードルを下げることができます。**

部下がお客様とトラブルを起こしたところを想像してください。部下の話によると、お客様に非があるようですが、このままお客様との関係が悪くなってしまうのは会社にとってマイナスです。

しかし、部下には部下のプライドもありますので、ただ「謝ってこい！」と命令したのでは、しこりが残ります。

そこで、「先方さんに**形だけ**謝ってくれないかな」と分離法を使います。この提案は、「謝る」という行動を、「本心は謝らない」と「形は謝る」というふたつに分離しています。

そして、「本心では謝らなくてよい」、つまり「あなたは悪くない」ことを認めているので、部下も謝ることを受け入れやすくなるのです。

「あいつに**貸しを作るつもり**で手伝ってあげてくれない？」、「**仲の良いふり**をしてくれればそれでいいから」、「**この子のため**に我慢して」、「たまには**馬鹿を演じて**みなよ」……、なども同様です。

■元気のない相手を励ます

分離法は、相手を励ますときにも使えます。

辛いことがあって落ち込んでいる人に対して、「元気出して！」という言葉は、逆効果になることがあります。元気のない人にとって、その言葉はプレッシャーですし、無理に励ますと、「自分の気持ちをわかってくれない」と余計にさびしい思いをさせてしまうからです。

そんなときには、「辛いことがあったのだから、**今は**落ち込んでいてもいいと思うよ」と言葉をかけてあげてください。相手をそのままで認めつつ、「落ち込んでいる今」を分離することで、「元気な未来」を暗示することができます。

分離法は、動かすのが難しい相手を動かすときに有効

相手を洗脳し、言いなりにさせる「否定的ダブルバインド」

■本当は怖い否定的ダブルバインド

「わからないことは自分で判断せず、必ず相談しなさい」とあなたの上司が言ったとしましょう。

あなたには自分で判断できない案件があったので、言われた通り上司のところへ相談に行きました。しかし、「こんな簡単なこともわからないのか！」と怒られてしまいました。

そこであなたは、それ以降、迷うことがあっても相談せず、自分で判断することにしました。すると今度は、「なぜ相談もせずに勝手に決めてしまうんだ！」と怒られました。

相談しても怒られ、相談しなくても怒られ、かといってこの関係から逃げ出すこともできません。

このように、**どちらを選んでも正解ではなく、逃げる場所もない状態を、「否定的ダブ**

ルバインド」と呼びます。

人の心は矛盾が苦手です。そのため、逃げられない状況で矛盾した命令をされると、自分を変えることで、どうにかしてその矛盾を「矛盾ではない」と思い込もうとします。矛盾している相手を変えることはできなくても、自分を変えることで矛盾を解消することはできるからです。そして理性は、自分が変化したことにさえ気づきません。

上司が部下を昼食に誘っているところを想像してください。

上司「今日は私のおごりだ。お前の好きなところでいいぞ。何が食べたい？」
部下「ありがとうございます。……それでは、お蕎麦でも」
上司「蕎麦か。昨日食べたんだよな」
部下「お寿司などいかがでしょう？」
上司「うーん……、この時期、生ものはちょっと怖くないか？」
部下「それでは、駅前の居酒屋のランチはいかがでしょう？」
上司「せっかく私がおごると言っているんだ。遠慮するな」

部下「はぁ。それでは……」
上司「天ぷらはどうだ」
部下「天ぷらにしましょう！」

一見、何の問題もない会話に聞こえますが、この上司の発言は否定的ダブルバインドです。「好きなものを選べ」と言いながら、部下が何を選んでも否定しています。

部下が、「好きなものを選べ」という命令に従いつつ上司に否定されないためには、「上司の食べたいものを食べたくなる」しかありません。そうすればこの矛盾から解放されるのです。そこで部下は、天ぷらを「提案」します。

この反応は無意識的に起こりますので、**部下は「天ぷらにしましょう！」と言った瞬間から、「自分は天ぷらが食べたかったのだ」と認識します**。ちっとも食べたいと思っていなかった天ぷらが、今では食べたいものに変わってしまいました。

これは一種の洗脳です。否定的ダブルバインドの怖いところは、このような洗脳が、簡単に起こるところです。

■言葉と感情表現の矛盾

大切な友達が怒った顔をしているので、「怒っているの？」と聞くと、「怒っていない」と答えたとします。その言葉を信じてあなたは普段どおりに話しかけるのですが、友達の雰囲気は明らかにいつもとは違い、会話のキャッチボールが続きません。

怒っているものとして接すると否定され、怒っていないものとして接しても否定され、放っておくこともできません。このように、**言語的なメッセージと非言語的なメッセージが矛盾している状態も、否定的ダブルバインドです。**

怒っている理由を聞かせてくれれば、謝ることも、自分の正しさを主張することもできますが、「怒っていない」と言われると、解決すること自体を禁じられます。

すると人は混乱し、次第に相手の言いなりになっていきます。少しでも相手の表情が晴れるように、相手の望むことを、自ら進んでするようになります。しかもそれは、「相手が怒っているから仕方なく」ではありません。相手は「怒っていない」のですから、純粋に自分の意思で行うことになります。これも一種の洗脳です。

怒ることだけでなく、泣くこと、喜ぶこと、好意を示すことなどの非言語的な感情表現は、それだけでも強烈に人の心を操ります。それは周りの人に、自分がしたいことよりも、その人の怒りを鎮めること、その人を泣きやませること、その人をもっと喜ばせること、その人にさらに愛されることを優先させます。

これに、言語的な矛盾（怒っている人の言う「怒ってないよ」、泣いている人の言う「大丈夫だから」、喜んでいる人の言う「気を使わなくて良かったのに」、好意を示している人の言う「ついでだったから」など）が加わると、行動の理由が「その人のため」や、「頼まれたから」ではなく、「自分がしたいから」にすりかわります。

頼まれた場合には断ることもできますが、自分の意思でしていることをやめるのはとても難しく、結果的に相手にコントロールされるようになるのです。

逃げられない状況が心を壊す

このように、否定的ダブルバインドは、洗脳や依存、時には病気の原因になることさえあります。洗脳され、依存してしまうのは、矛盾に対する一種の自己防衛ですし、病気になってしまうのは、そうすることで一時的に矛盾から離れられるからです。

ここで重要なことは、「矛盾したコミュニケーションそのものが問題ではない」ということです。優しそうな人に殴られたからといって、それだけで洗脳や依存が起こるわけではありません。そんなことをされたら、その人に近寄らなければよいだけです。

問題になるのは、**「逃げられない状況でそれをされた場合」**です。

親、先生、上司、恋人、友達など、簡単に否定することも、関係を切ることもできない相手が矛盾したコミュニケーションをしてくる場合、無意識はその矛盾を放置しておくことができません。

たとえば、暴力を振るう恋人が、優しいときに何度も「愛している」と言うだけで、心はその矛盾を「自分が悪いから暴力を振るわれたのだ」と合理化してしまいます。そして離れるきっかけを失い、影響を受けつづけることになるのです。

❶ 逃げられない状況での矛盾は、人を洗脳する

「肯定的ダブルバインド」で考えを刷り込む

■なぜ肯定的ダブルバインドは効果的なのか？

「どちらを選んでも不正解」という否定的ダブルバインドは、相手の無意識に影響を与え、変化させる力がありました。

しかしそれらの変化は、決して望ましいものではありませんでした。「どちらを選んでも不正解」では、相手の心が傷ついてしまうからです。

そこでこの「どちらを選んでも不正解」を、「どちらを選んでも正解」にすることを考えてみましょう。「どちらを選んでも正解」ならば、相手の心を傷つけることなく、影響を与えることができます。これを**「肯定的ダブルバインド（治療的ダブルバインド）」**と呼びます。

以前、「コーラが素材にこだわって、何が悪い？」というコマーシャルがありました。このコマーシャルを見て、「悪くない、大歓迎！」と思う人もいれば、「コーラなんて、素材にこだわらなくてもいいのに……」と思う人もいたことでしょう。

しかし、**この問いかけにどう答えても、視聴者は「このコーラは素材にこだわっている」ことを認めることになります。**「どちらを選んでも正解」です。これが、肯定的ダブルバインドです。

肯定的ダブルバインドは、相手に受け入れてもらいたいことを前提にした話法です。このコマーシャルでは、「素材にこだわった」ことを前提に、「何が悪い？」と視聴者に問いかけています。

もしこれが、「このコーラは素材にこだわりました」というコマーシャルだとしたら、「本当にこだわっているのか？」、「どんな風にこだわっているのか？」などを理性がチェックしはじめるため、「素材にこだわっている」ことを認めさせるのは難しくなります。

しかし「何が悪い？」と問いかけることで、「素材にこだわっている」ことは前提となり、視聴者はそれを事実として受け入れるのです。

書店で、「なぜ○○は□□なのか？」といったタイトルの本を見かけることがありますが、これも肯定的ダブルバインドです。

たとえば、「さおだけ屋はなぜ潰れないのか？」という本がありますが、これがもし「さおだけ屋は潰れません」というタイトルだとしたら、「本当に潰れないのだろうか？」と理性は考えます。

しかし「さおだけ屋はなぜ潰れないのか？」と理由を聞かれると、「さおだけ屋は潰れない」ことが事実として刷り込まれます。その事実が意外な事実であればあるほど、好奇心が刺激され、読みたくなるのです。

> 「あなたは優しいから、女の子に人気があるのね」
> 「ピザをとって、映画を見ない？」
> 「○○君は話すのが上手だから、司会をやってくれない？」

連結法のところでご紹介したこれらの例は、肯定的ダブルバインドにもなっています。

ふたつ以上の文章が連結されている場合、**理性は最後の文章を重要視します**。「彼は優しくないけれど、頭はいい」と言われれば、「頭のよい人」を想像しますが、「彼は頭はいいけれど、優しくない」と言われれば、「優しくない人」を想像します。

同様に、ここで理性がはじめにチェックするのは、「女の子に人気があるかどうか」、「映画を見るかどうか」、「司会をやるかどうか」です。

そしてそれらにどう答えても、前半の「優しい」、「ピザをとる」、「話すのが上手」を認めることになるのです。

■選択肢の幻想

人は選択肢を与えられると、それ以外の可能性が見えなくなり、その中から最良のものを選ぼうとします。これを、**「選択肢の幻想」**と呼びます。

「選択肢の幻想」は、一番簡単な肯定的ダブルバインドです。どれを選んでもこちらにとっては正解となる選択肢を複数用意し、相手に選ばせればよいのです。

単純な例ですが、家事をしない夫に対しては、「家事を手伝ってくれない？」と頼むよりも、「**家事の分担をするなら、食器洗いとゴミ出しのどっちがいい？**」と選択肢を与えたほうが効果的です。夫が食器洗いを選んでも、ゴミ出しを選んでも、彼は手伝うことを受け入れることになるからです。

■５Ｗ１Ｈで質問する

「Ａにしますか？　Ｂにしますか？」といった選択肢（Ｗｈｉｃｈ）だけでなく、刷り込みたい前提に対して、５Ｗ１Ｈで質問をすれば、相手はどう答えても前提を受け入れることになります。

【Ｗｈｅｎ（いつ）】

【例】「手伝ってくれる？」↓「**いつ**なら手伝える？」

「手伝ってくれる？」だけならば、「忙しいから」「疲れているから」という理由で、相手は断ることができます。

しかし、「いつなら手伝える？」は、その「忙しさ」や「疲れ」を考慮した上で、「いつならばいいのか」を聞いていますので、言い訳ができなくなります。

相手は、はっきりと「手伝いたくない」と答えて気まずい思いをするよりも、手伝ってしまったほうが精神的に楽なので、自分から「いつがいいのか」を提案することになります。

【Where（どこ）】

【例】「旅行に行かない？」↓「旅行に行くなら**どこ**がいい？」

「行くか、行かないか」を考えさせると、相手は「行かない」という選択肢も検討します。しかし、「旅行に行くなら」と仮定の話をすれば、「行かない」という選択肢はなくなり、相手は「どこに行きたいか」だけを考えることになります。

そして、相手がどう答えても、相手は心の中で「旅行に行っている自分」を一度イメージしていますし、自分でそこに行きたいことも認めていますので、そのあとに「だったら今度の連休に行かない？」と誘えば、承諾してもらえる確率は高くなります。

【Who（誰）】

【例】「お笑い芸人は好き？」↓「お笑い芸人で、**誰**が好き？」

ここでは分母のすりかえが起こっています。「すべての人の中で、『お笑い芸人』というジャンルの人たちは好きですか？」と聞かれたら、相手は「好きではない」と答えるかもしれません。

しかし、分母を「すべての人」から「お笑い芸人」に狭め、その中で「誰が好きなのか」を聞くと、相手は誰を答えても「お笑い芸人が好き」なことを認めることになります。

【What（何）】

【例】「楽しかった？」↓「**何**が一番楽しかった？」

「楽しかった？」という質問は、①「聞かれるまで言わなかったということは、あなたは決して楽しくはなかったのだ」、②「しかしあなたはここで『楽しかった』と答えなければならない」というふたつのメッセージとなって相手に届きます。

これは一種の否定的ダブルバインドです。相手は「楽しかった」と答えても①のメッセージと矛盾することになり、「楽しくなかった」と答えても②のメッセージと矛盾することになるため、居心地が悪くなります。

これを肯定的ダブルバインドにすると、「何が一番楽しかった?」になります。「今日の一日が楽しかったかどうか」を答えるよりも、「今日の中で何が一番楽しかったのか」について答えるほうがずっと楽なため、相手も答えやすくなります。そして答えることによって、今日の一日が楽しかったことも認めることになるのです。

【How(どのように)】

【例】「料理が上手だね」→「**どうやったら**こんなに美味しく作れるの?」

「料理が上手だね」は否定することができます。「私なんてまだまだです」と否定することもできますし、「ありがとうございます」と言いながらも、心の中では「お世辞を言ってくれたのだ」と感じるかもしれません。

しかし、「どうやったらこんなに美味しく作れるの?」を否定することはできません。本気で美味しいと思ったからこそ、その作り方を聞いているのです。

【Why(どうして/なぜ)】

【例】「優しくしなさい!」→「**どうして**そんなに優しいの?」

「優しくしなさい！」という命令は逆効果です。優しくないからこそ、「優しくしなさい！」と命令しているわけですから、この命令自体が、「あなたは優しい人間ではないのだ」という暗示になってしまいます。

一方、「どうしてそんなに優しいの？」は、「あなたは優しい人間なのだ」ということを前提にしています。優しいからこそ、その理由を聞いているのです。相手は「どうしてだろう？」と理由を考えることで、優しい自分を否定できなくなります。

映画「マトリックス」の中で、「速く動こうと思うな。速いと知れ」というセリフが出てきますが、肯定的ダブルバインドもそれと同じです。まったく優しくない人間など一人もいません。大切なのは、「優しくない人間を優しい人間に変える」ことではなく、「その人の中にある優しさに自分で気づいてもらう」ことです。

闇雲に「どうしてそんなに優しいの？」と言ったところで効果はありませんが、少しでも優しさが垣間みえたときに使うと、相手の心の中に「自分は優しいのだ」という認識が起こります。そして一旦、認識が起これば、相手はその認識どおりに行動しようとするのです。

■命令や禁止は逆効果

余談ですが、褒める教育が効果的なのは、「自分は〇〇が得意なのだ」というセルフイメージを刷り込むことで、自発的にそれをさせることができるからです。

反対に、**命令したり禁止したりの教育は、使い方を間違えると取り返しがつかなくなります。**

子供は、「勉強しなさい！」と口うるさく言われると、勉強が嫌いになります。門限を決められると、門限を破りたくなります。付き合いを禁止されると、一層その恋人に執着するようになります。

これは、**命令や禁止そのものが、逆の暗示として働く**からです。「あなたは勉強ができない」、「あなたはいつも遅く帰ってくる」、「あなたはその恋人を愛している」という意味になって相手の心に届き、それが刷り込まれてしまうのです。

人の心がいかに命令や禁止に対して無力か、試してみましょう。

これから本書を読み終えるまで、「パンダ」のことは考えないでください。
特に**「パンダが縄跳びをしているところ」**は、絶対に考えないでください。

そんなことを言われても、すでにあなたは、「パンダが縄跳びをしているところ」を考えてしまったことでしょう。

しかし、もし私が「『パンダが縄跳びをしているところ』は、絶対に考えないでください」と書かなければ、あなたは本書を読み終えるまで、パンダのことも、縄跳びのことも、一度も考えなかったはずです。

命令するとは、こういうことです。

命令しなければできたはずのことを、命令したためにできなくさせてしまう可能性があるのです。

都合が悪くなったときに慌ててそれを責めるのではなく、できたところを日ごろから褒めてあげることこそ、正しい教育のやり方です。

■思考は現実化する？

影響力のある人の言葉を聞いていると、肯定的ダブルバインドを非常に上手く使っていることに気がつきます。しかも、意識的に使っているわけではなく、自然にそのような話し方になっているのです。

はっきりとした夢がある人は、それが現実になる前から、無意識レベルでは夢と現実の区別がつかなくなっています。夢が現実に見えるため、その夢を前提として考えるようになり、話す言葉に肯定的ダブルバインドが多くなります。そして周りの人たちは、否が応でも巻き込まれ、その夢に影響されていくのです。

そういった人たちは、借金をするときには「お金を貸してくれるかどうか」ではなく、「いくら貸してくれるか」を相手に相談します。就職の面接では「自分がその会社にふさわしいかどうか」を語るのではなく、「入社後に何をしたいのか」を語ります。

お金を貸してくれることも、面接に合格することも、その人の中ではすでに現実だからです。

このような話し方は、「夢の実現」が前提になっていますので、その人が話せば話すほど、相手はその前提を認めることになり、反論する機会が奪われます。そしてその人の夢の実現に向かって、動かないわけにはいかなくなるのです。

私は「思考は現実化する」や、「ザ・シークレット」（引き寄せの法則）などの成功哲学も、肯定的ダブルバインドと無縁ではないと考えています。

オカルト的な力で引き寄せが起こるわけではなく、信じることで話し方が変わってしまうため、望んだことが実現しやすくなるのです。

5W1Hで質問すれば、前提を受け入れさせることができる

「友だちのジョン話法」で既成事実にする……

■「リラックスして！」ではリラックスできない

緊張している人をリラックスさせたいとき、「リラックスしなよ」といくら言っても、ほとんど効果はありません。リラックスしたほうがよいことは本人が一番わかっていますし、それができないからこそ緊張しているのです。

また「リラックスしなよ」は、一種の肯定的ダブルバインドです。これにどう答えても、相手は自分が緊張していることを認めることになりますので、リラックスさせるどころか、より緊張させてしまう可能性もあります。

はじめてカウンセリングルームにいらっしゃったクライアントさんが緊張しているとき、私はリラックスしていただくために、こんな話をすることがあります。

「私は以前、一人旅で北海道に行ったことがあります。

そのとき、湖でボートに乗りました。

とても静かな湖で、遠くで鳴いている鳥の鳴き声と、風が木の葉を揺らしている音、そして私がオールを漕いでいる音以外、何も聞こえませんでした。

湖の真ん中までボートを漕いだあと、私は漕ぐのをやめて、空を見上げました。

空にはくっきりとした青空が広がっていて、モコモコした雲が、気持ち良さそうに風に運ばれていました。

太陽はぽかぽかと暖かく、空気は新鮮で、少しひんやりしていました。

そんな空気を胸いっぱい吸い込んでから、ゆっくり吐き出すと、体の力がふーっと抜けていくのがわかりました。

時間が止まってしまったような、とてものどかなひとときでした」

私の体験をお話ししただけなのに、やがてクライアントさんの呼吸は穏やかになり、表情は柔らかくなっていきます。

クライアントさんが自分では押すことのできなかった「リラックスする」という自動販売機のボタンを、私は北海道の話をすることで、簡単に押すことができたのです。

■間接的に伝える効果

理性のチェックは、「自分に向かって飛んでくる情報」には過敏に働きますが、「自分に向かっていない情報」には働かないことがあります。

次の「○○」にあなたの名前を入れて、ふたつの文章を読み比べてみてください。

①「○○さんは頭がいいですね」
②「私の友達のジョンが、○○さんは頭がいいと言っていましたよ」

どちらのほうが嬉しく感じますか?

「頭がいい」だけでなく、「かっこいい／かわいい」、「優しい」、「センスがいい」、「歌が上手い」などに変えて、比べてみてください。

①と②はどちらも、「あなたは頭がいい」という内容ですが、①は直接あなたに向かって

語られているのに対し、②はあなたに向かって語られてはいません。

直接「頭がいいですね」と言われた場合、「お世辞を言っているのではないか？」、「何か下心があるのではないか？」と理性のチェックが働きます。

一方、「友達のジョンがそう言っていた」と言われた場合、そのようなことを考える必要はありません。友達のジョンは、あなたがいないところでそう言ったのですから、お世辞を言う必要も、下心がある可能性もないのです。

よって、①よりも②のほうが、**客観的な事実のように感じられます**。

また、直接「頭がいいですね」と言われたならば、その言葉を否定することができます。しかし、「友達のジョンがそう言っていた」と言われた場合、否定することができません。否定したくても、友達のジョンはそこにいないからです。

私の体験を聞いただけで、クライアントさんの緊張がとけていったのも、この原理が働いたからです。「北海道の湖はリラックスできますよ」と言われたならば、理性のチェックが働きます。しかし、他人の体験をただ聞いているうちは、肯定する必要も否定する必要もないため、言葉は理性のチェックをすり抜けます。そして心に浮かんだイメージによって、自然にリラックスしていったのです。

　このように、**言葉を直接相手に伝えず、間接的に伝えることで受け入れやすくする話法を、「友達のジョン話法（マイ・フレンド・ジョン・テクニック）」と呼びます。**

■何も求めないので反論されない

「野菜ジュースは健康にいい」ことを、友達のジョン話法を使って伝える方法を考えてみましょう。

「友達のジョンがそう言っていた」のように、**「第三者の発言」**として伝えてもよいですし、**「自分の体験」**や**「一般論」**として伝えても、友達のジョン話法になります。

- 「友達の○○さんが、野菜ジュースを毎日飲んでいたら、血液検査の値がすべて正常値に戻ったって言っていたよ」（第三者の発言）
- 「私、野菜ジュースを飲むようになってから、すごく肌の調子がいいんだ」（自分の体験）
- 「野菜ジュースを毎日飲むと、ガンになるリスクが減少するっていうデータがあるら

しいよ」（一般論）

これら3つの例文は、野菜ジュースを飲むことを勧めているわけでもなければ、同意を求めているわけでもありません。何も求められていないため、言葉は理性のチェックをすり抜け、「野菜ジュースを飲むと血液検査の値が正常値に戻る」ことや、「肌の調子がよくなる」こと、「ガンになるリスクが減少する」ことが、事実として受け取られるのです。

この**「相手に何も求めない姿勢」が、友達のジョン話法のコツ**です。理性のチェックは、自分が何かしなければならないときや、決断を迫られたときに働きます。反対に、何も求められていないときには働きません。

子供がみっともないことをしたときに、親が「みっともないからやめなさい！」と叱っても、子供は言うことを聞かないことがあります。「本当にみっともないのか？」、「みっともないと、なぜやめなければいけないのか？」などを理性がチェックしはじめるからです。

しかし、他の子供がみっともないことをしているときに、親がひとりごとのように、「みっともなくて嫌ね」と言ったならば、そのひとりごとは子供に影響を与える可能性があります。親は子供に何も求めてはいませんので、「みっともないことをしてはいけない」ことが、理性のチェックをすり抜けるのです。

■伝えるルートを変える

要求するときも、自分で直接伝えるより、誰かに伝えてもらったほうが効果的です。お母さんが子供に買い物を頼むとき、直接頼んだ場合は「ゲームをしているから嫌だ」などと断られる可能性があります。しかし、お母さんがいないときにお父さんが、「お母さんが買い物に行ってほしいって言っていたぞ」と言って買い物リストを渡せば、断られる可能性はぐっと減ります。

断りたくても、断る相手がそこにいないからです。

直接言われる悪口よりも、人づてに聞かされる悪口のほうが傷つくのも同じ理由です。直接悪口を言われた場合、相手は反論してほしいのかもしれませんし、改善を求めているのかもしれません。

しかし間接的に聞かされた悪口は、弁解の機会が与えられず、一方的にそれが事実として扱われるため、逃げ道がなくなってしまうのです。

伝えるルートを変えるだけで、同じ言葉の受け取られ方がまったく変わってしまうことは、ぜひ覚えておいてください。

何も求めず、間接的に伝えることで、その言葉は事実として扱われる

〈ケーススタディ〉テレビを安く買う方法

大型家電や車など、高額な商品を買うとき、価格交渉をするだけで値段がガクンと下がることがあります。この交渉が苦手で、いつも言われた通りの値段で買ってしまう方もいらっしゃることでしょう。

ここでは、今まで学んできたテクニックをどのように組み合わせれば交渉を有利に進めることができるのか、家電量販店でテレビの価格交渉をする場面を例に、考えてみたいと思います。

■ 交渉前の準備

交渉に出かける前に、まずは十分な価格調査を行って、「いくらなら買うのか」というターゲット価格を決めておいてください。

ターゲット価格を決めず、ただ「安ければ買う」という気持ちで交渉に臨んだのでは、良い交渉はできません。

その「安ければ」がいくらなのかを自分で知っていなければ、出てきた金額が好条件なのかどうかもわからないからです。

また、あまりにも低すぎるターゲット価格を提示した場合、店員は冷やかしだと思って本気の交渉をしてくれません。交渉して一発でＯＫがもらえるような価格を、あらかじめ見つけておいてください。

価格情報サイトに掲載されている価格から、大体の相場はつかめるはずです。ネット通販は人件費などがかからない分、量販店よりも価格が安くなっていますし、量販店では現金値引きのかわりにポイントがつくこともあります。実店舗で買う安心感、保証制度、ポイントなどの付加価値を考慮して、ターゲット価格を決めましょう。

■交渉を有利に進めるための原則

交渉は、交渉が成立しなくても困らない側が有利に進めることができます。交渉が成立しないと困る立場にいると、多少不利な条件でものまざるを得ませんが、交渉が決裂しても困らなければ、わざわざ不利な条件に応じる必要はありません。求めている人が、より多くの負担をしなければならないのです。

あなたが久しぶりに、友達に会いたいと思ったとしましょう。誘いの電話をかけると、友達は「最近忙しくて月曜の夜しか時間が作れない」と言いました。あいにく、あなたは月曜日の夜に、英会話を習っています。しかし、どうしても会いたかったので、あなたは英会話を1回休むことにしました。

このとき、友達は何も失わずにあなたと会うことができるのに、あなたは1回分の英会話を犠牲にしなければ、友達に会うことができません。なぜなら**あなたのほうが、より会うことを求めていたから**です。

友達が忙しい理由のひとつは、火曜日にスポーツジムに通っているからです。あなたは英会話を休みたくなかったので、「残念だけど、会うのはまたの機会にしよう」と言って電話を切ろうとしました。

すると友達のほうから、「ちょっと待って。火曜の夜なら時間が作れるかも」と譲歩してきました。

このとき、あなたは何も失わずに友達と会うことができるのに、友達は1回分のスポーツジムを犠牲にしなければ、あなたに会うことができません。なぜなら友達のほうが、より会うことを求めていたからです。

意識こそしませんが、この「求めているほうが譲歩する」という暗黙のルールに、誰もが縛られています。

求めている人は従い、選べず、与えなければならず、求められている人は命令し、選択し、受けることができるのです。

価格交渉をするときも、こちらから「安くしてください」と求めてはいけません。求めない限り、あなたは「買うか買わないか」という選択肢を持ちつづけることができます。あなたに買ってもらうために、店員が譲歩するのです。

しかし、ひとたび「安くしてください」と求めてしまったら、今度は店員が「安くするかしないか」という選択肢を持つことになります。店員に売ってもらうために、あなたが譲歩しなければならなくなるのです。

交渉が成立するまで、「求めたら負け」というルールを忘れないでください。

■店員から声をかけさせる

店に入ったら、目当てのテレビの前で店員が話しかけてくるのを待ちます。

店員のほうから声をかけさせるのはとても大切なことです。声をかけさせることで、「どちらが求めていて、どちらが求められているのか」をはっきりさせることができるからです。くり返しになりますが、求められているうちは、あなたが交渉をリードできます。相手に口火を切らせることは、駆け引きにおいて、とても重要なことなのです。

■名前を覚えるだけでこれだけ差がつく

声をかけられたら、その店員の名札を確認し、名前を覚えます。

私は普段、接客されるときには必ず相手の名前を覚えるようにしています。そして声をかける必要があるときには、「○○さん」と名前で呼ぶことにしています。

名前を覚えることは、人間関係の基本です。それだけで、自然と親近感が湧き、あなたの中で「無名の店員」が「○○さん」にかわります。そして無名の店員のときには気づけなかった相手の思いに、気づけるようになるのです。

また、店員は名前で呼ばれることで、「素の自分」に戻ります。これは一種の分離法です。それだけで店員は、いい加減な接客ができなくなります。**店の評判のためではなく、自分の評判のために動くようになる**のです。

無理に名前を連呼する必要はありませんが、「あの」とか、「すみません」と話しかけるのであれば、名前で話しかけてみてください。

こちらがただの店員として接すれば、相手もただの店員として返してきますが、名前を覚えて親近感を持って接すれば、相手も親近感を持って応えてくれます。「できる限りのことはしてあげたい」という気持ちが、店員の心に芽生えるのです。

■相手を後に引けなくさせる

さて、いよいよ交渉です。

はじめに、買おうと思っているテレビのセールスポイントについて、それがどんな機能なのか質問してください。そして大きく相槌を打ちながら、その説明を一通り聞きましょう。

店員はそのテレビの魅力を語ることで、あなたの心を動かしたいと思っていますから、十分にそれをさせてあげてください。店員の心理誘導に乗ってあげるのです。そうすることで、店員の中の「この交渉を成立させたい」という気持ちが強くなります。

十分に店員の話を聞いたら、こんな質問をしてください。

「○○さんは、どこのメーカーのテレビがお勧めですか？」

店員は、今まで目の前のテレビについて語ってきましたし、あなたが興味を持っていることも知っていますから、当然そのテレビやメーカーを勧めてくるはずです。

店員のほうから声をかけさせることに意味があったのと同じように、店員のほうから、買おうとしているテレビを勧めさせることにも意味があります。

あなたに声をかけることで、店員はブロックをひとつ積みました。セールスポイントを説明することで、その上に2個目のブロックを積みました。今、自分からそのテレビを勧めることで、3個目のブロックを積んだことになります。

ブロックを積めば積むほど、店員は自分からそれを崩せなくなるのです。

もしここで、店員が他社のテレビを勧めてくるようでしたら、その店員は交渉しにくい相手ですから、話を切り上げてください。わざわざ手強い相手と勝負する必要はありません。コミュニケーションのとりやすい相手を見抜くことこそ、心理誘導の極意です。改めて別の機会を狙ってください。

■「肯定的ダブルバインド」で買う気を見せる

目当てのテレビを勧めてもらったら、さらにブロックを高く積んでもらいましょう。

「こちらのテレビですが、在庫はありますか？」と聞いてみてください。

これは肯定的ダブルバインドです。在庫があってもなくても、このように質問をされると、店員はあなたが「買う気になっている」と判断します。これで4個目のブロックが積まれました。

在庫を確認したら、こう続けてください。

「今日買うと、配達はいつぐらいになりますか？」

同じく、肯定的ダブルバインドです。あなたはまだ、一言も買うとは言っていませんが、店員は心の中で、あなたがこのテレビを買っているところをイメージしています。

5個目のブロックです。

もうひとつ、駄目押しをしておきましょう。

「こちらの設置料金で、レコーダーとの接続もしてもらえますか？」

これで、あなたがテレビを買っているイメージだけでなく、あなたの家にこのテレビが設置されている様子まで、店員にイメージさせることができます。6個目のブロックです。

■「友達のジョン話法」で落とす

ここまで、価格の話は一切でてきていません。にもかかわらず、交渉成立の直前まで来ています。すでに店員は、後に引けない状態です。

ここではじめて、価格の話をしてみましょう。

「ネットで、これと同じテレビが○○円で売っていたんですよね」

ネット上の最安値（もしくはネット通販大手の価格）をこのように伝えてください。

これは友達のジョン話法です。あなたは「○○円にしてください」と求めたわけではなく、ただ事実を話しただけです。

具体的な価格を交渉するときにも、こちらから求めてはいけません。求めた途端、主導権が店員に移ってしまいます。実際はどうであれ、最後まで「店員が提示して、あなたがそれを受けるかどうか決める」という関係を壊さないでください。

ネットの価格を伝えると、様々な反応が予想されます。

望ましいのは「少々お待ちください」と言って電卓を叩きはじめたり、その金額にできるか確認しに行ったりする場合です。これらの場合、結果はどうであれ、あとは店員の回答を待つだけです。

「ネットの価格には対抗できないんですよ」と即答されることもありますし、「そうですか……」と会話が止まってしまうこともあります。

そんなときには、こう続けてください。

「どれくらいまで近づけることができますか？」

これは分離法であり、肯定的ダブルバインドです。「ネットと同じ価格にできるかできないか」ではなく、「どれくらい近づけることができるか」を聞いています。そしてネットの価格に近づくことが前提となっています。

ここでも、「この価格に少しでも近づけてもらえませんか？」とこちらから求めては意味がありません。あなたはただ、それが可能かどうかを聞いてください。店員は頼まれたからではなく、自主的に価格を近づけるのです。

■諦めきれないときは「連結法」で

店員は電卓を叩き、やがて価格を提示してくれます。その価格が、あなたのターゲット価格を下回っているかどうかはわかりませんが、たとえ下回っていなかったとしても、それがその店で出せる限界の価格だと思って間違いありません。

あなたの交渉が下手だったわけではありませんので、納得できれば購入し、納得できなければ、他の店で再チャレンジしてください。

もし、それでも諦めきれなければ、ここではじめてお願いしてみましょう。

「ちょっと急いでいて、今日決めたいので、もう一声、安くなりませんか?」

これは連結法です。本来、急いでいることも、今日決めたいことも、安くする理由にはならないはずですが、連結することで断りにくくなります。また、ここで明確に「今日買うのだ」と伝え、「安くなりませんか?」とストレートにお願いすることで、店員も諦めきれないでしょうから、多少は色をつけてくれる可能性があります。

■逃げ道を用意しておく

交渉をする際、交渉が成立することを本気で望むのと同時に、交渉が成立しなかったときの逃げ道を用意しておくことも重要です。

逃げ道がなければ、こちらから譲歩するしかありませんが、逃げ道があれば、相手の譲歩を待つことができるからです。もし相手が譲歩しないのであれば、用意しておいた逃げ道に逃げればよいだけです。

私がネットの価格を交渉に使うのは、「ここで買えなければネットで買えばいい」という逃げ道になるからです。**交渉が成立したら嬉しいし、成立しなくても構いやしない。その矛盾が、相手を動かす原動力になるのです。**

無意識にメッセージを送る「アナログマーキング」

隠されたふたつ目のメッセージ

前著「完全熟睡マニュアル」の読者の方から、感想のメールを頂くことがあります。その中に、「なぜかこの本を読んでいるだけでウトウトと眠くなった」という感想が書かれていることがあります。

「完全熟睡マニュアル」の中には、「読む自己催眠」という章があり、読むだけで眠くなる文章が書かれているのですが、読者の方がおっしゃっているのはそのことではありません。「どこを読んでいてもウトウトしてくる」というのです。

これは、完全に私が意図した通りの現象でした。

私は「完全熟睡マニュアル」を執筆する際、全編を通して、読んでいるだけで眠くなるような「仕掛け」をしておいたのです。

・「1週間、毎日眠れたからといって、**今日**、同じように**眠れる**という保証はどこにもありません」（P16）
・「**無意識は**それを知っていますから、眠りたくはないのです。**眠る**よりも、少しでも早くこの状態から抜け出したいのです」（P26）
・「**眠くて仕方がない**ときって、どんなときでしょうか？」（P67）

これらは、「完全熟睡マニュアル」に出てくる文章です。

特に変わった文章ではありません。理性はこれらの文章を読んで、ときには「本当にそうだろうか？」と理性のチェックを働かせ、私の言葉が無意識に届くのをブロックするかもしれません。

しかし、これらの文章を読むと、いくら理性のチェックが働いても、特定の言葉が理性のチェックをすり抜けて、無意識に影響を与えます。

表面的な意味とは別のメッセージが埋め込まれているからです。

先ほどの文章を、太字だけ繋げて読んでみてください。次のように読めるはずです。

「今日眠れる」
「無意識は眠る」
「眠くて仕方がない」

理性はこれらのメッセージに気がつきませんが、無意識は気がつきます。読んでいるだけでウトウトしてしまった読者の方は、これらのメッセージに反応したのです。

このように、**特定の言語メッセージを非言語的に強調することで、本来の内容とは違うメッセージを無意識に送る方法を、「アナログマーキング」と呼びます。**

■購入ボタンを押させる

アナログマーキングは、話すときにも、文章を書くときにも使うことができます。また、どんな方法で特定の言葉を強調しても構いません。

文章において使うのであれば、太字にする、括弧でくくる、カタカナにする、前後にスペースをあける、斜体にする、フォントを変える、色をつける、文字を大きくする……、などの方法が使えます。通常、このような表現方法は、単に強調したい内容に使われます。しかしアナログマーキングは、気づかれてしまっては理性のチェックに跳ね返されてしまいますので、何でもない部分で仕掛けるほうが効果的です。

「銀行振込でご注文の場合、在庫を確保でき次第、お振込先をメールにてお知らせいたします。お急ぎの方で、**本日中に**ご入金をご希望の方は、お電話にてお問い合わせください。その際、**【購入する】**ボタンをクリックした後に表示されるご注文番号をお知らせください」

宣伝文句に対しては理性のチェックが激しく働きますが、このような注意書きは、客観的な事実として読まれるため、アナログマーキングをするのに適しています。

もちろん、この文章を読んだ全員が**「本日中に購入する」**わけではありません。しかし、「今日にしようか、月末にしようか」と迷っている人が読めば、何も仕掛けないよりは効果が期待できます。

■反対の言葉で伝える

会話において使うのであれば、声の大きさ、トーン、話す速度や間を変化させることで、特定の言葉を強調できます。

次の例文の太字になっている部分だけ、声を大きく、またはゆっくり読んでみてください。そして単調に読んだときと、印象を比べてみてください。


「**優しくする**ってそう簡単にできることじゃないよ。**愛していればできる**ってわけでもないしね」

この文章の表面的な意味と、アナログマーキングされた意味が正反対になっていることに注目してください。理性は「愛していても優しくすることは難しい」と理解するのに対し、無意識には**「愛していれば優しくできる」**というメッセージが伝わります。

話の中でアナログマーキングをする際、相手が不自然さを感じてしまっては意味がありません。しかし、無意識が気づいてくれなければ効果は期待できません。理性のチェックに引っかからない程度で、明らかに違いがわかる話し方をする必要があります。

声の大きさで強調するのか、話す速度で強調するのか、それとも間やトーンで強調するのか、いくつかのパターンを練習して、自分が一番やりやすい方法をみつけてみてください。

■気になる人に想いを伝える

発声だけでなく、しぐさを使うと一層バリエーションが広がります。

強調したい言葉のときだけ、相手の目を見つめる、自分の胸に手をあてる、体の重心を変える、手を動かす、頷くなどの方法が使えますし、体に触れることが許される相手ならば、肩や腕に触れるという方法もあります。恋人や子供と手を繋いでいるときには、握っている手を強くするのも有効です。

たとえば、次の例文の太字になっている部分だけ相手の目を見つめて話し、太字ではない部分は手元にあるグラスなどを眺めて話すと、好きな異性に対し、間接的に気持ちを伝えることができます。

「昔からポルシェが**大好きなんだ**よね。なんといってもあのデザイン、**美しいし、魅力的だし**、カタログを見ているだけでも**幸せな気持ちになれるんだ**。ベンツやＢＭＷもいいけど、やっぱりポルシェは**特別な存在なんだ**よなぁ」

「**大好きなんだ。美しいし、魅力的だし、幸せな気持ちになれるんだ。特別な存在なん**

だ」と面と向かって言うのはかなり勇気がいりますし、相手にその気が少しもなければ、言葉は無意識まで届きません。

しかし、このようにアナログマーキングを使うと、ポルシェの話をしているだけですので、言葉は理性のチェックをすり抜けて、無意識まで届きます。

自分の好きなものの話をしながら、アナログマーキングをしたい部分で相手の目を見つめたり、あなたが女性ならば、さりげなく相手の腕に触れたりすることは、事前の準備がなくても十分に行うことができます。微妙な段階の男女は、無意識同士も全力でコミュニケーションをとろうとしていますので、このように一見ささやかな試みも、関係を進めるうえで大きな意味を持つのです。

■面接で自分をアピールする

相手に自分の気持ちを伝えるには、目を見つめる、触れるなどの方法が適していますが、面接などで誰かに自分をアピールしたいときには、自分の胸に手を当ててアナログマーキングをしてみてください。

「私の尊敬する人はマザー・テレサです。彼女のように、**誠実で、勇気があって、革新的**な活動ができる人間になりたいと思っています」

太字になっている部分で胸に手を当てながら話すと、相手の理性はマザー・テレサのことを考えますが、無意識には、あなたが**「誠実で、勇気があって、革新的」**だと伝わります。

❶ 言葉を部分的に強調することで、別の意味を埋め込むことができる

単語を選んで印象を操作する

あなたがそう思われている理由

「みかん」という言葉を聞けば、心の中にみかんが浮かんできます。
いちいち理性が「みかんとはどんな意味だろう？」と考えるわけではありません。耳から入った言葉は、対応する感情や感覚、情景などに、無意識によって自動的に変換されるのです。

この変換を理性でブロックすることはできません。

料理中に指をざっくり切ってしまった人の話を聞くと、顔をしかめたくなるのはそのためです。自分は指を切っていないのですから、顔をしかめる必要はないはずですが、自動的に心に浮かんだイメージが、心や体に、現実と同じような影響を与えるのです。

これは単語レベルでも起こります。

草原、青空、静寂、休日、温泉、親切、安らぎ、愛情……、といった言葉にふれていると、それだけで心にリラックスした感覚が広がっていきます。

しかし、頭痛、憂鬱、孤独、苛立ち、裏切り、ねたみ、暴力……、といった言葉にふれていると、決して楽しい気持ちにはなれません。

あなたがブログを書いているのであれば、その中に出てくる「心地よい単語」と「不快な単語」の数を数えてみてください。ブログを書いていないのであれば、誰かに送ったメールでも、プレゼンの原稿でも、報告書でも構いません。

どれくらい「心地よい単語」を使い、どれくらい「不快な単語」を使っているでしょうか？　比率はどれくらいでしょうか？

その数字はそのまま、周りの人があなたから感じる「心地よさ」や「不快さ」を表しています。

あなたにその気がなくても、愚痴をこぼせば「不快な単語」を多く使うことになり、相手はそれらの単語に反応して、不快な思いをすることになります。

反対に、「心地よい単語」を多く使って話せば、それだけで相手に良い印象を与えることができるのです。

■「何を話すか」ではなく「どう話すか」

それでは、どうすれば「不快な単語」を使わずに済むのでしょうか？

前提として、**なるべく不快な話はしない**ことです。

愚痴も、噂話も、悪口も、相手の理性はそれが「あなたの話」であることを理解してくれます。ときには喜んでくれることもあるでしょう。

しかし時間が経てば、その中に含まれている不快なイメージだけがあなたと結びつき、離れなくなります。「あなたの話」が、「あなた自身」になってしまうのです。

今ここで、本当にその話をする必要があるのでしょうか？　その話には、自分のイメージを悪くしてまで話す価値があるのでしょうか？　口に出す前に、もう一度よく考えてみてください。

それでも話さなければならないときには、**表現方法を変えてみましょう**。

次の文章を読み比べてみてください。

「部屋が汚れている」
「部屋が片付いていない」

このふたつは同じような意味ですが、後者のほうが相手の不快感を刺激しません。

「今日は寒くない」
「今日は暖かい」

これらも同じような意味ですが、やはり後者のほうが、相手の不快感を刺激しません。
無意識は、耳から入ってきた単語に対して自動的に意味を返しますので、**否定の形を取ったとしても、否定される前の意味が心に浮かびます**。「黒猫はそこにいなかった」という文章を読めば、いないはずの黒猫が、一瞬、心に浮かびます。
「今日は気持ち悪くもないし、頭も痛くない」と言われると、普段の気持ち悪さと頭の痛さを想像してしまいます。単に「今日は調子がいい」と言われるのとでは、感じ方が違うのです。

表現の仕方には、人それぞれ癖があります。
「お店は空いていて、すぐに料理も運ばれてきて、良いお店だった」と表現する人もいれば、「お店は混んでいなかったし、料理も待たされなかったし、悪くないお店だった」と表現する人もいます。

ほとんど同じ意味で、それを聞いた相手も同じような情景を心に組み立てます。後者の表現をしたからといって、すぐに相手が不快になるわけでもありません。しかしこの、「混んでいる」、「待たされる」、「悪い店」という表現は、相手の中に静かに降り積もり、その人のイメージを形作っていくのです。

大切なことは、「何を話すか」ではありません。「どう話すか」です。

ポジティブな話をするときには「心地よい単語」を肯定形で、ネガティブな話をするときには「心地よい単語」を否定形で使えば、話の内容にかかわらず、相手に良い印象を与えることができます。

もしあなたが、自分は誤解されていて、本当の自分を誰も理解してくれないと感じているのなら、自分が普段、どんな単語を使っているのかに注意してみてください。

相手が理解してくれないのは、あなたが使っている単語のせいかもしれません。使う単語を変えてみるだけで、あなたの印象をガラッと変えることができるのです。

❶「心地よい単語」を否定形で使うと、ネガティブな話も印象が良くなる

好意を伝えること、否定しないこと

■鏡のような振る舞い

自分の中に明確な意思や理由がない場合、人は他人の真似をしようとします。**真似をすることで、理性の負担が減るのと同時に、大抵の場合は失敗も少なくなる**からです。

たとえば、見知らぬ国の空港に降りたったら、案内板を確認するより、前の人についていったほうが、早く入国審査の列に並ぶことができます。パソコンを買うとき、パソコン好きの友達が使っているのと同じ機種にすれば、どれにしようかと悩まなくて済みます。

この「鏡のような振る舞い」は、それがどういう結果をもたらすのか、よく考えられないまま、条件反射的に行われることがあります。そしてときには、自分のしたくないことさえ、「周りの人がしているから」という理由だけで行われるのです。

あなたがはじめて、何かの集まりに参加したときのことを想像してください。参加者はテーブルを囲んで座っていて、テーブルの真ん中にお菓子のお皿が置いてあります。

そこにあなたの好きなお菓子があったとしたら、あなたはそのお菓子を気軽に食べるでしょうか？

おそらく、あなたは他の誰かが手をつけるまで、お菓子には手をつけないことでしょう。食べてもらうために用意されたお菓子ですから、取ってもよいはずですが、周りの人たちが手をつけないうちは、それに従ったほうが無難なのです。

■相手はあなたの真似をしている

鏡のような振る舞いは、日常的なコミュニケーションの中でも頻繁に使われます。

たとえば、自分を大切にしてくれる相手のことは、自動的にこちらも大切にしようとします。いい加減な相手といると、こちらもいい加減になります。「でも」が多い人と話していると、こちらも「でも」が多くなり、緊張している相手といると、こちらも緊張していきます。

相手と同じ行動をしている間、いい加減に接しているという自覚はありません。「でも」

が多くなっていることにも気づきませんし、緊張の理由もわかりません。そんな風にするつもりはなかったのに、気づいたときにはそうしているのです。

当然、あなたと一緒にいる相手にも、この条件反射は起こっています。

それでは、相手が鏡のように振る舞っているとき、その人は誰の真似をしているのでしょうか？

もちろん、**あなたの真似をしている**のです。

ですから、あなたの周りの人が、あなたの話をちっとも聞こうとせず、反抗的で約束を守らず、「ありがとう」も「ごめんなさい」も言えず、自分勝手で優しくなかったとしたら、それはあなたが、その人に対してそのように接してきた結果なのかもしれません。

子育てに悩んでいらっしゃるのであれば、自分がどのように子供に接してきたのか、謙虚に振り返ってみてください。

優しくない親の子供は、人に優しくすることができません。謝らない親の子供は、謝ることができません。なぜなら、真似をする「お手本」がいないからです。**あなたが与えた以上のものを、子供に期待することはできません。**

相手を変えたければ、自分が変わることが、一番の近道なのです。

■お返しとしての好意

あなたの周りにいる人たちが、普段は自律して生きていて、あなたが接したときにだけ、鏡のようにあなたと同じ振る舞いをするロボットだと想像してみましょう。

あなたが無関心でいれば相手も無関心になり、親切にすれば親切にしてくれます。愛せば愛してくれますし、殴れば殴り返されます。褒めただけ褒められますし、悪口を言えば悪口を言われます。

もしそんな世界に生きているとしたら、あなたはどんな風に生きていきますか？

もっと相手に好意を示し、相手の嫌がることは一切やめてしまうのではないでしょうか。

私たちはそんなロボットに囲まれて生きているわけではありませんので、安心して今までの生き方をしてきました。安心して相手が嫌がることもしてきました。

しかし周りをよく見てください。そしてこれまでの人生を振り返ってみてください。本当にそういった世界に生きていないと、あなたは断言することができますか？

ロボットのような厳密さこそありませんが、先ほど想像したのと同じような世界に、私たちは生きているのではないでしょうか。そしてあなた自身も、まるでロボットのように、相手に対して同じ行動を返してきたのではないでしょうか。

相手が自分に好意を抱いているとき、そして肯定的な空気が二人の間に満ちているとき、心理誘導はずっとやりやすくなります。もしかしたら、心理誘導など使わなくても、相手はこちらの言葉に影響され、思いどおりに応えてくれるかもしれません。

ですから私たちは、遠慮なく、**言葉にして好意を伝える**べきです。その言葉には、お返しとしての好意と、あなたの期待に応えたいという気持ちを生み出す、魔法のような力があります。

そして私たちは、**ギリギリまで否定することを我慢する**べきです。わざわざ相手の否定的な感情を揺り動かす必要など、どこにもないのです。

❶ 相手にしてほしいことは、まずは自分からしてあげると上手くいく

感覚を刺激して話し上手になる……………

■なぜあなたの話は「つまらない」のか？

コミュニケーションにおいて、「話がつまらない」というのは致命的です。伝えたいことがあっても、それだけで相手は心を閉ざしてしまうからです。

そもそも「話がつまらない」とは、どういうことなのでしょうか？

前置きが長かったり、話の組み立てが悪かったり、テーマや結末がはっきりしなかったりすると、人は「話がつまらない」と感じます。テーマ自体に興味が持てないときや、話についていけないときも同じです。

しかしそれだけではありません。もっと根本的な問題があるのです。

ここで、生理的な欲求と、状況がそれを許さないことにおける葛藤をイメージしてください。……と言われても、あなたは私が何をイメージしてほしいのか、すぐにはわからないことでしょう。

それでは、「授業中にトイレに行きたくなったときのことを思い出してください」と言われたらどうでしょうか。これならば、簡単にイメージすることができます。

話がつまらない人というのは、前者のような概念的な話し方をします。**聞いていても絵が浮かばない**のです。契約書に書かれている文章を読むときのように、こちらでひとつひとつ、具体的なイメージに変換しないことには理解ができません。そしてそんな作業をしていると疲れてしまい、すぐに飽きてしまいます。

話し上手になりたければ、最低限、相手の心の中に、何かイメージが浮かぶように話す必要があるのです。

■相手の優先感覚を知る

人は感覚器官を通して現実を認識しています。目、耳、鼻、口、体を通して、「見て」「聞いて」「嗅いで」「味わって」「感じて」います。しかし、複数の入口から入ってきた感覚を、すべて平等に使っているわけではありません。

あなたは時計が好きで、5つの素敵な腕時計を持っていたとしましょう。どれも気に入って買ったものです。

さて、あなたはこの5つの時計を、日替わりで順番に使うでしょうか？

おそらくそうはしないでしょう。5つの中に必ず優劣が生まれ、毎日のようにつけていく時計もあれば、1ヶ月間、ほとんど腕を通さない時計も出てくるはずです。

感覚もそれと同じです。5つの感覚のうち、好きでよく使う感覚もあれば、あまり使わない感覚もあります。**自分が特に好んで使っている感覚を、「優先感覚（代表システム）」と呼びます。**

目を閉じて、心の中に猫をイメージしてください。

何が出てきたでしょうか？　猫の顔を、映像で思い出した人もいるでしょう。猫の鳴き声を、音で思い出した人もいるでしょう。猫の手触りを、触覚で思い出した人もいるでしょう。複数の感覚が同時に使われたかもしれませんが、その中で一番イメージしやすかった感覚が、優先感覚です。

優先感覚は人それぞれ違います。その人が、どの感覚を優先的に使っているかは、その人の話し方で判断することができます。

たとえば、ハワイ旅行から帰ってきた友達が、「海がすごく綺麗だった」とか、「空が抜けるように青かった」と、見えたものばかり話したとしたら、その人の優先感覚は視覚です（優先感覚が視覚の人を、視覚タイプと呼びます）。

「ワイキキは観光客が多くて騒がしかった」とか、「レストランで聞いた生バンドの演奏が素敵だった」と、聞こえたものばかり話したとしたら、聴覚です（聴覚タイプ）。

「太陽がジリジリ暑かった」とか、「夜の砂浜を散歩していたら、夜風がとても気持ち良かった」と、感じたことばかり話したとしたら、体感覚です（体感覚タイプ）。

また、その人が使っている動詞からも、優先感覚を知ることができます。

Aさんと Bさんの主張を聞いて、Aさんのほうが正しいと思ったとき、視覚タイプは「Aさんのほうが正しく見える」と表現し、聴覚タイプは「Aさんのほうが正しく聞こえる」と表現し、体感覚タイプは「Aさんのほうが正しく感じる」と表現します。

■「話が合う人」、「合わない人」は自分でコントロールできる

「この人とは話が合う／合わない」と感じることがありますが、そう感じる原因のひとつ

が、この優先感覚です。

優先感覚が同じ人同士は話が合いますが、優先感覚が違うと話が合いません。

視覚を通して世界を「見ている」人は、同じように世界を「見ている」人の話は理解しやすいのですが、聴覚を通して世界を「聞いている」人や、体感覚を通して世界を「感じている」人の話は、理解しにくいのです。

デジタルカメラを買いにきた女子高校生と店員が、次のような会話をしているところを想像してください。

店員「どんなカメラをお探しですか?」
女性「かわいい感じのカメラが欲しいのですが……」
店員「それならばこちらなどいかがでしょうか? とても軽くて、鞄にいれても重くありませんよ」
女性「これ、他の色はありますか?」
店員「こちらだとブラックしかありませんね。では、こちらはどうですか? 先ほどのものより少し大きいですが、持ちやすい形をしていますので、構えたときにぶれませんよ」
女性「あの、色は……」
店員「こちらなら、ブラック、シルバー、ゴールドがあります」
女性「ピンクはないですか?」
店員「ピンク、ですか……」

二人の会話は噛み合っていません。店員は体感覚タイプで、女子高校生の言った「かわいい感じ」を、「小さいデジカメを求めているのだ」と勘違いしてしまいました。そして色のバリエーションを求められても、「色などブラックとシルバーとゴールドがあれば十分だ」と思い、今度はホールド感のよいものを勧めています。

一方、女子高校生は視覚タイプで、重さにもホールド感にも興味はありません。彼女にとって重要なのは、何よりも見た目なのです。

店員が女子高校生と同じ視覚タイプならば、彼女の希望を正確に理解し、スムーズな接客ができたことでしょう。

しかし実際には、女子高校生は店員のことを、「自分の希望を全然理解してくれない店員」と感じ、店員は女子高校生のことを、「文句ばかり言う面倒な客」と感じました。誰のせいでもありません。ただ、使っている優先感覚が違ったのです。

このようなすれ違いを避けるためには、**相手の優先感覚を見極め、それに合わせてあげる必要があります。**たとえば、視覚タイプの友達の車を褒めるときには、「エンジンの音が静かだね」と聴覚を刺激したり、「スピードを出しても全然揺れないね」と体感覚を刺激したりするよりも、「このメタリックブルー、すごく綺麗だね」と視覚を刺激したほうが、一層喜んでもらうことができます。

■すべての感覚を刺激してリアリティを高める

プレゼンやスピーチの準備をするとき、あなたはあなた自身の優先感覚を使って原稿を書きます。

先ほど、「話し上手になりたければ、イメージが浮かぶように話す必要がある」と書きました。しかし、いくらイメージが浮かぶように原稿を書いたつもりでも、当然、聴衆の中にはあなたと同じ優先感覚の人もいれば、そうでない人もいます。あなたと優先感覚が同じ人は、あなたの話にぐいぐい引き込まれていくかもしれませんが、優先感覚が違う人は、あなたのしてほしいイメージができないかもしれません。

ですから、聴衆の優先感覚が何であっても、確実にイメージを浮かべてもらうためには、**すべての感覚を刺激するように話す**必要があるのです。

例として、「それはとても美味しいリンゴでした」を、すべての優先感覚に合わせて表現する方法を考えてみましょう。

視覚タイプ　「それは真っ赤で、とても美味しいリンゴでした」
聴覚タイプ　「それは齧るとシャリっと音がする、とても美味しいリンゴでした」
体感覚タイプ　「それは歯ごたえのよい、とても美味しいリンゴでした」
嗅覚タイプ　「それは爽やかな香りのする、とても美味しいリンゴでした」
味覚タイプ　「それは甘酸っぱい、とても美味しいリンゴでした」

プレゼンなどで、複数を相手に話す場合、これらすべてを使えばよいのです。

「そのリンゴは真っ赤で、爽やかな香りがしました。ひとくち齧るとシャリっと音がして、歯ごたえがよく、口の中に甘酸っぱい果汁が広がりました。とても美味しいリンゴでした」

このように、すべての感覚を丁寧に刺激してあげると、誰にでも「美味しいリンゴ」のイメージを浮かべてもらうことができます。

また、優先感覚があるといっても、他の感覚をまったく使っていないわけではありません。すべての感覚を刺激することで、優先感覚が受け取る情報が補完され、リンゴのイメージがより鮮明になるのです。

ですから、相手が複数のときだけでなく、一対一の会話においても、できるだけ多くの感覚を刺激してみてください。**伝えたいことを自分の感じたまま描写するのではなく、何が見え、何が聞こえ、何が感じられ、どんな匂いがし、どんな味がするのか、ひとつひとつ表現してみましょう。**

毎回5つの感覚で表現できるわけではないかもしれませんが、ひとつがふたつになっただけでも、リアリティは高まるのです。

❶ 相手の優先感覚に合わせた表現を使うと、話が伝わりやすくなる

第5章

操られない技術

あなたも誰かに操られていませんか？

洗脳から身を守る方法

■遠慮なく力を振るう人

討論番組を見ていると、「討論に勝つ」とは何かを考えさせられます。

競技ディベートを除き、多くの討論には明確なルールがありません。自分が話してばかりで相手に発言させない人や、相手が発言している最中に平気で割り込むことのできる人が有利になります。

また、相手の話を聞く気がある人は、相手が何を主張しようとしているのかをしっかりと聞き、正しい部分は認めますが、聞く気がない人は相手の発言を理解しようとせず、たとえ正しくても認めようとしません。その結果、相手を理解しようという気のない人ほど、討論の主導権を握ることになります。

これは討論番組に限らず、日常のコミュニケーションにおいてもいえることです。**人の**

意見を聞けないからこそ、遠慮なく力を振るう人がいます。最終的には正しい人が勝つのではなく、我の強い人が勝つのです。

どうすれば人の心を操ることができるのか、そのテクニックを本書ではご紹介してきました。テクニックが通用すれば、あなたはこのような我の強い人たちにも勝つことができます。勝った結果、幸せになれるかどうかは別の話ですが、少なくともテクニックを知ることで、今までは負けていた相手に対抗することができるのです。

それでは、テクニックを磨けば、いつでも相手に勝つことができるのでしょうか？

自分の思いどおりにならず、むしろ相手の思いどおりになってしまった出来事を思い出してみてください。恋人にふられたことでも構いませんし、子供が言うことを聞いてくれなかったことでも構いません。

そのとき相手は、あなたを動かすために何か心理誘導を使っていたのでしょうか？　おそらくそうではないでしょう。そのときあなたがテクニックを使っていたら、状況は変わっていたのでしょうか？　そうかもしれませんが、やはりそうではないかもしれません。

本章では、あなたが相手に操られてしまう理由を学びます。そして、人に操られないで生きていくためにはどうすればよいのかを、考えていきたいと思います。

■自覚できない洗脳

「洗脳」という言葉には、強制的に新しい考えを植え付け、相手をロボットのように従わせるイメージがあります。そしてほとんどの人が、自分は洗脳とは無関係だと思って生きています。

一方、カルトに属し、他者からは明らかに洗脳されているように見える人たちも、自分たちが「洗脳されている」とは思っていません。

カルト信者に洗脳されている自覚がないということは、同じくそのような自覚のない私たちも、**実は誰かによって洗脳されている可能性がある**ことを意味します。常識や道徳など、当たり前のように受け入れている価値観は、すべて誰かによって刷り込まれたものなのかもしれませんし、ついコマーシャルで宣伝していた商品を選んでしまうのも、一種の洗脳なのかもしれません。

洗脳が問題になるのは、「その人が洗脳されているから」ではありません。「洗脳されたその人が、自分にとって脅威となるから」です。よって、脅威に感じなければ洗脳とは認識されませんし、自分のことは脅威だと感じないため、洗脳は自覚されにくいのです。

それでは、自分の家族や友人がカルトにでも入らない限り、洗脳を恐れる必要はないのでしょうか？

■逃げられない関係

どちらを選んでも否定され、逃げ出すことも許されない状態を、「否定的ダブルバインド」と呼ぶことを、第4章でお話ししました。

あなたに悩みごとがあって、伴侶や恋人に相談したいと思っているところを想像してください。あなたは悩みごとを話そうとするのですが、相手はすぐにそれを遮り、「ごめん、仕事で疲れているから、そういう話は休みの日にしてくれない？」と話を聞いてくれません。そこで週末を待ち、日曜日の昼間に「今ならいい？」と聞くと、今度は「休みの日くらいゆっくりさせてよ」と迷惑そうな顔をします。

平日に相談することを禁止され、休日に相談することも禁止されていますが、伴侶や恋人なのですから、相談すること自体を禁止されているわけではありません。このような袋小路が、否定的ダブルバインドです。

自分にとって大切な相手が、このように矛盾した態度をとると、あなたの心は、その矛盾をどうにかして「矛盾ではない」と思い込もうとします。相手の態度にイライラすることはあっても、心のどこかで「疲れていることを理解しない自分が悪い」と自分を責めはじめます。**自分を責めることで、相手の矛盾を見ずに済む**からです。

これがくり返されると、あなたは何も悪くないのに、どんどん自信を失うことになります。そしていつの間にか、相手に対して思考が停止し、いつでも無批判に従うようになるのです。

矛盾した態度をとっているのが、「大切な相手」ではなく、「はじめて利用する通信販売の店」だとしたら、このような洗脳は起こりません。

商品についてメールで問い合わせても返信がなく、仕方なく電話で問い合わせても「お問い合わせはメールでお願いします」と話を聞いてもらえなかったとしたら、あなたは少しも自分を責めることなく、二度とその店にかかわらないことで矛盾から身を守ることができます。

矛盾そのものが洗脳を生むのではなく、「逃げられない関係で起こる矛盾」が洗脳の原

因となるのです。

親子関係においては、子供はほとんど逃げることができないため、特に洗脳が起こりやすく、子供に深刻な影響を残すことがあります。

たとえば、親が「忙しい」を言い訳にするだけでも洗脳は起こります。かまってほしくても「忙しいから」と言われることで、子供は実質的に愛することを禁じられます。もし「お前とはかかわりたくない」とはっきり拒絶されたなら、子供は親を憎むことで、矛盾から身を守ることができます。しかし「忙しさ」が理由では、憎むことさえ許されません。

親子という逃げられない関係で、愛することを禁じられ、憎むことも禁じられると、子供はその矛盾を解消するために、自分の存在自体に罪悪感を覚えるようになります。「自分のせいで親は忙しい思いをしなければならないのだ」と感じるかもしれませんし、「自分が子供としてふさわしくないので、親は愛したくても愛することができないのだ」と感じるかもしれません。

そしてすっかり自信を失くした子供は、少しでも愛されようとして拒否しなくなり、従いたくないときでさえ従うようになるのです。

このように、身近な人の何気ない発言や態度のくり返しによって、人は簡単に洗脳されてしまいます。

カルトがするような狭義の意味での洗脳にも、コマーシャルのような広義の意味での洗脳にも、何かしらの目的があります。しかし、否定的ダブルバインドの恐ろしいところは、**何の目的もなく洗脳が起こる**ところです。「忙しい」を連発する親は、子供の自信喪失の原因が自分にあるとは、考えもしないのです。

■相手の矛盾を認める

否定的ダブルバインドから身を守るには、相手の矛盾に気づく必要があります。矛盾を矛盾として認めることができれば、自分の中に原因を探す必要がなくなるからです。

もしあなたが、誰かとの関係において、理由はよくわからないけれど辛かったり、嫌なのに離れられなかったり、なぜか自分ばかりが犠牲を強いられていたりするならば、**相手の中に矛盾を探してみてください**。

何を言っても否定された経験はないでしょうか？　言われた通りにしているのに怒られ

た経験はないでしょうか？　すべてあなたのせいにされてはいないでしょうか？

相手の発言や行動に矛盾がないかどうか、冷静に思い返してみてください。そして**相手の矛盾に気がついたら、それを認めてください**。

今まであなたが、多くの時間と労力を費やしてきた相手が「矛盾していた」と認めることは、自分の人生そのものを否定することに繋がるかもしれません。しかし、もし矛盾を認めただけでそうなってしまったとしたら、はじめから健全な関係ではなかったのです。矛盾を認める勇気を持ってください。

矛盾を認めたら、**矛盾した相手と今後どうやって付き合っていくのか、改めて考えてみてください**。矛盾した要求をされない方法や、自分を守ることのできる距離を探してみてください。

平日も休日も相談に乗ってくれない相手には、「いつならば相談に乗ってくれるのか」を質問してください。もしそれにも答えてくれなかったり、約束の日時に再び拒否されたりするならば、その人とは「こちらからは相談しない」という付き合い方をするしかありません。**二人の関係を相手に決めさせるのではなく、あなた自身が決めれば、洗脳は起こらないのです。**

■人間関係を前向きに終わらせる

矛盾を認めても、相手によっては、その回避方法を見つけることも、適切な距離をあけることもできないことがあるかもしれません。あなたは相変わらず「どちらを選んでも不正解」な選択を迫られ、間違えつづけることになります。

この状態から抜け出す一番の方法は、**相手から逃げる**ことです。相手の手が届かないところまで、そして自分から手を伸ばしてしまわないところまで逃げて、その人との関係を絶つのです。

否定的ダブルバインドの「逃げられない」は絶対ではありません。**逃げると何かを失うので、結果的に逃げられない**だけです。それを捨てる覚悟さえあれば、いつでも逃げ出すことができます。そして逃げれば、否定的ダブルバインドは崩れます。

人との関係を絶つのは簡単なことではありません。そうすることであなたは、家族、恋人、友達、仲間、仕事、地位、財産など、自分の大切にしてきたものを失うことになるからです。もしかしたらその人との関係がなくなるだけで、完全にひとりぼっちになってしまうかもしれません。

しかし、どうか一人になることを恐れないでください。たった一人の人間が、あなたの人生を台無しにしようとしているのです。

人間関係を終わらせるのは悪いことではなく、とても前向きなことです。私はカウンセリングルームで多くの方のお話を伺ってきましたが、**人間関係を諦めたことによって起こる不幸よりも、人間関係を諦めなかったことによって起こる不幸のほうがずっと多い**と感じています。

あなたが逃げ出すことを、相手は責めるかもしれませんが、それは逃げ出すあなたの責任ではなく、逃げたい気持ちにさせた相手の責任です。その人に気を使う必要など、どこにもありません。

❶ 身近な人の矛盾した態度が、あなたを操っている可能性がある

あなたの立場を上にする

■求めている人、求めていない人

そもそも否定的ダブルバインドに陥ると、なぜあなたの立場は弱くなってしまうのでしょうか？　自分はすべてを捨てる決心さえしなければならないのに、なぜ相手は何も失わずにいられるのでしょうか？

それは、あなたに決定権がないからです。

相手は確かに選択肢を提示するかもしれません。しかし、どれも不正解ですから、実質的にあなたは何も選ぶことができません。**相手との関係を壊さず、自分は何も失わずに問題を解決したいのであれば、相手よりも上の立場に立って、あなたが決定権を握る必要があるのです。**

人は誰かと出会うと、何かのルールに従って、自動的に自分の立場を判断します。意識こそしませんが、自分のほうが立場が下だと感じれば、敬語で話し、相手の命令に従います。しかし、自分のほうが立場が上だと感じれば、敬語は使わないかもしれませんし、相手に命令するかもしれません。

そしてその判断は実に的確です。大抵の場合、あなたが自分は上だと感じているときには、相手はちゃんと自分は下だと感じていますので、ぶつかることはありません。

一体どんなルールに従って、人は自分の立場を決めているのでしょうか？

年齢？　地位？　収入？　容姿？　……どれも違います。

第4章の「〈ケーススタディ〉テレビを安く買う方法」でも触れましたが、**人は立場の上下を、「どちらがより求めているか」で決めているのです**。どんな相手でも、どんな状況でも、最終的には「より求めている人の立場が下」で、「求められている人の立場が上」になります。

「お客様は神様です」の言葉どおり、このルールに従えば、基本的には営業をしている人の立場は下ということになります。

お客様のところへ新商品の売り込みに行った営業さんは、商品が売れることを**求めています**。売れなければ**困ります**し、強制的に買わせることもできません（**状況をコントロー**

ルできない）。営業さんに**選択肢はない**のです。

しかし、お客様はその商品が**欲しかったわけではありません**ので、買わなくても**困りません**。買うか買わないかの**選択肢を持っていて**、自分で決めることができます（**状況をコントロールできる**）。

営業さんは、買ってもらうためならば、多少無理な要求でものみますし、お客様に失礼な態度をとることも許されません。しかしお客様は、譲歩する必要などなく、失礼な態度も許されます。

この「どちらがより求めているか」というルールで決まった立場は、一生つづくわけではありません。場合によっては、時間とともに目まぐるしく変化します。

営業さんとお客様との関係も、営業さんが必死に売り込んでいる場合はお客様の立場が上ですが、特売品にお客様が行列を作るような場合は立場が逆転します。

お客様はその商品を手に入れられなければ困りますが、営業さんはその人が買ってくれなくても困りません。営業さんは譲歩する必要などありませんし、たとえ営業さんの態度が悪かったとしても、商品を手に入れるためならばお客様が我慢しなければならないのです。

■初対面の相手に話しかけづらい理由

立場がはっきりしているということは、決して悪いことではありません。どちらが上で、どちらが下かという認識が共通しているからこそ、お互い自分の立場に従って振る舞うことができ、衝突を避けられるのです。反対に、どちらの立場が上なのかはっきりしない相手と一緒にいるのは苦痛です。

「仲良くなる」という目的で、初対面の相手に話しかけることが苦手な方もいらっしゃると思います。必要もないのに話しかけるということは、「あなたと仲良くなれないと私は**困る**」ということであり、「仲良くしてほしい」と相手に**求める**ことです。

逆に話しかけられた側は、その言葉に笑顔で応えることもできれば、冷たくあしらうことも、完全に無視することもできます。この関係をどうするかは、話しかけられた側が決められるのです。話しかけた側に、そのような決定権はありません。

つまり、**話しかけるということは、自動的に相手よりも下の立場になるということ**です。相手の素性もわからないうちに、わざわざ自分から下の立場になることはとても危険なため、初対面の相手には話しかけづらいのです。

■上下関係を決めるルール

人が無意識的に使っている「上下関係を決めるルール」をまとめると、次のようになります。

【立場が上、勝っている、命令できる】
求めていない／求められている／困っていない／選択肢を持っている／決定権を持っている／状況をコントロールできる／捨てられる／失うものがない／迷惑をかけている／責任を負わない／興味がない／愛していない

【立場が下、負けている、従わなければならない】
求めている／求められていない／困っている／選択肢を持っていない／決定権を持っていない／状況をコントロールできない／捨てられない／失うものがある／迷惑をか

けられている／責任を負う／興味がある／愛している

人間関係に悩むとき、これらのルールに従って自分の立場を確認してみてください。

■なぜ親は子供をコントロールできないのか？

お母さんと幼稚園児がいたとしましょう。「どちらの立場が上ですか？」と聞かれたら、大抵の人は「お母さん」と答えると思います。

しかし実際には、しばしば立場が逆転します。

ファミリーレストランのレジの近くに、オモチャの棚が置いてあることがあります。そしてときどき、オモチャを買ってほしい子供が、大声で泣き叫んでいる光景を目にすることがあります。

このとき、子供はオモチャを求めており、お母さんは買うかどうかの決定権を持っていますので、一見、お母さんの立場のほうが上に見えるかもしれません。しかし実際はそうではありません。泣き叫ぶことで、子供はお母さんを**困らせている**のです。

「買うか、買わないか」の選択肢をお母さんは持っていますが、子供は「泣き止むか、泣きつづけるか」の選択肢を持っています。

子供はお母さんがオモチャを買ってくれなくても何も失いませんが、お母さんは子供が泣き止まないと、周りの人に迷惑をかけつづけることになり、社会的信用を失います。

そして時間とともに、子供の「オモチャを求める思い」よりも、お母さんの「子供が泣き止むことを求める思い」のほうが強くなり、ついにはお母さんが負けて、オモチャを買ってしまうのです。

子供は泣くことで、お母さんをコントロールしたわけです。

これは、銀行強盗が拳銃を突きつけるのと同じやり方です。「撃たれたくなければ金を出せ」と同じように、子供は「泣かれたくなければオモチャを買え」とお母さんを脅しているのです。

「子供が言うことを聞いてくれない」と言う親は、自分の育て方が悪かったのではないかと悩みますが、そうではありません。「自分はいつも立場が上で、子供をコントロールできて当たり前」という考え方自体、間違っているのです。

親は、実に多くの場面で子供に操られます。笑顔で要求されれば従わずにはいられなくなり、泣いて要求されても従わずにはいられません。子供優先で自分のことは後回しになり、子供のためならば喜んで犠牲になります。

なぜこんなことをしてしまうのでしょうか？

それは、子供を愛しているからです。愛することで、はじめから負けているのです。負けたままで相手を動かすことはできません。**子供に言うことを聞かせたいのであれば、自分が困るのをやめて、子供を困らせる必要があります。**

なぜお母さんはレストランで困っているのでしょうか？　それは周りの迷惑になるからです。ならば、子供が泣いても困らない場所に移動するしかありません。子供の泣き声にお母さんが少しも困らなければ、最後には子供が負けて、オモチャを買ってもらえなくても泣き止むしかなくなるのです。

これは親子だけに限った話ではありません。

いつも自分の立場が上で、相手をコントロールできて当然と考えるのではなく、その瞬間、どちらがより求めていて（あるいは困っていて）、どちらが従うべきなのか、冷静に分析してみてください。

それだけで、自分の苛立ちが正当なものなのかどうか、そして相手を動かすにはどうすればよいのかが見えてきます。

相手に求めさせれば、あなたの立場は上になる

「求めている人の立場が下」のルールに従う

■ 負ける幸せ

親子を例に、「求めている人の立場が下」というお話をしてきました。

誤解していただきたくないのですが、いつも自分が上の立場にいる必要はありません。そして、上の立場にいる人が偉いわけでもありませんし、勝っている人が幸せなわけでもありません。

これは単純に、「どちらの意見が通りやすいか」のルールに過ぎないのです。

恋愛は、「愛しているほうが負け」ですが、負けることで幸せを感じる場合もあります。**愛するとは、喜んで負けつづけること**だからです。

大切なことは、「どちらの立場が上で、どちらの立場が下か」ではなく、「お互いが喜んでその立場に従っているか」です。

自分が相手に求めているのであれば、文句を言わずに従い、相手が気持ち良く要求に応えられるようにしてください。

自分が求められているのであれば、我慢せずに言いたいことはしっかり言って、自分の応えられる範囲でだけ、応えてあげてください。

下の立場の人が上の立場の振る舞いをしたり、上の立場の人が下の立場の振る舞いをしたりするときに問題は起こります。

求めている人がなぜか命令し、求められている人がなぜか相手に合わせつづけることは、どちらも間違っているのです。

■困るべきなのは誰？

子供のころ、私の父のお正月は、年賀状を書くことに費やされていました。父は忙しさを理由に、年内は年賀状に手をつけないため、せっかくのお正月が年賀状書きで潰れてしまうのです。

私は長年その光景を見てきましたので、お正月くらいはゆっくり休ませてあげようと思い、ある年、パソコンで年賀状を作ってあげました。あっという間にプリンタから出力される年賀状を見て、父はとても喜びました。

手書きの年賀状から解放された父は、それから毎年、私に「今年も年賀状を作ってほしい」と頼むようになりました。そしていつしかそれが私の仕事になり、同時に父は、少しずつ自分の年賀状に積極的ではなくなっていきました。

12月に入ると、私は「年賀状を作りに行きたいのだけれど」と電話をするのですが、父は他人事のように「今は忙しいからもう少し後にしてくれ」と答えます。そして結局、30日や31日に呼び出されるのです。年末年始は私もゆっくりしたいため、次第に私は、父の年賀状が苦痛になっていきました。

ある年、約束した日時に実家へ帰り、「原稿は？」と聞くと、「忙しくてまだ作っていない」と父は答えました。「ならばすぐに作って」と頼むと、「これから歯医者に行く」と父は言いました。

仕方なく、私は何もできないまま、父の歯医者が終わり、戻ってきた父が原稿を作るのを待ちました。

父を待ちながら、私は「何かが間違っている」と思いました。なぜ頼まれている私が振りまわされ、犠牲を払わなければならないのでしょうか。なぜ父は、自分が頼んでいるのに、頼まれているような態度なのでしょうか。

そして私は気がつきました。父も私も、**「求めている人の立場が下」のルールに従っていなかった**のです。

私は年末年始をゆっくり過ごしたかったため、父の年賀状が片付かないことで困っていました。しかしそれは本来、父が困るべきことでした。父は、私が代わりに心配するようになったため、年賀状の心配をする必要がなくなってしまったのです。

相手が私ではなくて印刷業者ならば、父も原稿が間に合うように努力したことでしょう。私も相手が父ではなくて自分勝手なご近所さんならば、適当な理由をつけてお断りをしたことでしょう。

お互いが自分の立場に従っていなかったからこそ、私はストレスを感じることになったのです。

これではいけないと思い、翌年から私は、年賀状について、一切こちらから連絡をしないことにしました。すると案の定、クリスマスを過ぎたころに、「今年も年賀状を作ってほしい」と電話が来ました。「原稿はできているの？」と聞くと、「できていない」と父。

「なら原稿ができてから電話して」と私は言いました。「それから、30日以降は予定があるから、29日までしか時間は作れないよ」

結局その年は29日に決まり、実家に帰ると、すでに原稿は出来上がっていました。こうして少しずつですが、私は父の年賀状に振り回されることがなくなっていったのです。

■最後まで譲れないもの

「求めている人の立場が下」のルールに従うといっても、どちらかが一方的に求めていることは少なく、実際にはお互いにいろいろなものを求め合っています。

知らない人から「お金を貸してほしい」と頼まれたら、簡単に断ることができます。しかし、親しい友人から同じように頼まれたら、簡単には断れません。その人との今後に影響するからです。一方はお金を、一方は友情の維持を求めているわけです。

理不尽な要求をする上司に「ノー」を言いにくいのは、究極的にはそれをすることで、今の仕事を失う危険性があるからです。

要求内容に「ノー」を言っても失うものはないかもしれませんが、それがきっかけで、もっと大きなものを失う恐れがあると、「求めている人が命令し、求められている人が従う」という不健全な関係が成立してしまうのです。

こういった状況に陥らないためには、「自分は何を求めているのか?」をはっきりさせておく必要があります。

「最後まで譲れないものは何なのか?」ということです。

■戴盆望天

「戴盆望天《たいぼんぼうてん》」という言葉があります。

「頭の上にお盆を載せたまま天を見上げることはできない」という意味です。

お盆を載せておきたいのならば天を見上げることはできませんし、天を見上げたいのならばお盆を落とすしかありません。

ふたつを同時に手に入れることはできないのです。

その理不尽な要求に応えることと、最悪仕事を失うことでは、どちらのほうが辛いことなのでしょうか?　もし、理不尽な要求のほうが辛いのであれば、「ノー」と言うべきですし、失業のほうが辛いのであれば、その要求に応えるしかありません。

理不尽な要求を断れずに従うのと、「失業したくない」という明確な理由で従うのとでは、心理的に受けるストレスがまったく異なります。

前者は「求めている人の立場が下」のルールを破っているため、不健全でトラブルの原因になります。しかし後者はルールに従っていますので、問題は起こりません。

「嫌だったけれど我慢した」のではなく、「自分の望んだ我慢だった」と心が認識するからです。

もしあなたが人間関係でトラブルを抱えていらっしゃるのであれば、「どちらがより求めているのか」という視点で、そのトラブルを見つめなおしてください。

そして**自分が求めているのであれば、それを手に入れるためには従う必要がある**ことを忘れないでください。それでも従いたくないのであれば、手に入れることを諦めるしかありません。

また、求めた結果、手に入れることができたとしても、できなかったとしても、すべての責任はあなたにあります。それを始めたのはあなただからです。手に入れられなかったからといって、相手を責めるのは間違いです。

反対に、**相手が求めているのであれば、自分から負ける必要はありません。**あなたは勝ってよいのです。特に、相手が状況をコントロールしようとしてくる場合、きっぱり断ることが、お互いのためになります。

❶ 自分の立場に従うことで、不健全な関係から逃れることができる

対人トラブル解消法

■「求めている」のであなたは勝てない

私は大学のころ、壁の薄い木造アパートに住んでいました。そのアパートは学生ばかりが暮らしており、面識はありませんでしたが、隣人も同じ大学の学生でした。

隣人は麻雀が好きで、隣室ではしばしば麻雀が行われていました。ときには明け方ちかくまで、大きな音楽と笑い声、そしてジャラジャラと麻雀牌をまぜる音が、薄い壁を通して私の部屋まで聞こえていました。

隣室で麻雀が始まると、うるさくて眠ることができません。次第に私は寝不足になっていきました。一度、「静かにしてもらえませんか?」とお願いしに行きましたが、まったく効果はありませんでした。

このような対人トラブルを、あなたも経験したことがあるかもしれません。

隣人がうるさい、同じマンションの住人がゴミ出しを守らない、家の前にいつも違法駐車をしている車がある、レジに並んでいたら横入りされた、騒ぐ子供を親が注意しない……。イライラするだけのことから、日常生活に支障をきたすレベルまで、対人トラブルは頭の痛い問題です。

対人トラブルは天災と同じです。こちらがどれだけ注意をしても、避けることはできません。たった一人、自分勝手な人が周りにいるだけで、強制的にトラブルを背負わされます。

しかし、100%相手が悪いと感じるような場合でも、「求めている人の立場が下」というルールに変わりはありません。

あなたは**困って**おり、**状況をコントロールすることができず**、改善を**求めている**からです。

「マナーが悪い」「ルールを守れない」と相手を責めてみたところで、何の解決にもなりません。無神経な相手は簡単にあなたを困らせ、負かします。そしてときには、あなたのマナーや生き方が間違っていると、逆に文句を言ってきます。

正義には何の力もありません。

ただ**「相手を困らせることができる人」が勝つように、世の中はできている**のです。

不快に感じるかもしれませんが、これは事実です。これを認められないことには、余計な争いの被害者（もしくは加害者）になってしまいます。

「正義は勝つ」という誤解から、より多くの争いが生まれるからです。

■正義と正義のぶつかり合い

自分が「間違っている」と思っている人はほとんどいません。

仮に、周りに迷惑をかけていたとしても、そこには「仕方のない理由」があるのですから、それを理解しない人たちこそ「心の狭い間違った人たち」なのです。

自転車に乗りながらスマホをいじっている人が、こちらに向かって突っ込んでくるのは危ないですし、迷惑です。しかし本人には、前を確認しながら安全に運転しているという意識があり、すぐにでも返信したいメッセージが来てしまったのですから、「仕方がない」のです。それを注意しても、「口うるさい人に文句を言われた」ことにしかなりません。

以前、ラジオで松本人志さんが、「子供の手を引いた親が、道の真ん中を歩いていたのでクラクションを鳴らしたら、『子供がびっくりするでしょうが！』と逆に怒られた」という話をしていました。親にとっては車の邪魔になることよりも、子供を驚かせることのほうが、ずっと罪が重いのでしょう。

トラブルというのは、基本的には正義と正義のぶつかり合いです。

お互いが正義をふりかざして人は争います。ですから、対人トラブルに巻き込まれたときに自分の主張を通すのは困難です。そしてそれができたところで、決して気分の良いものではありません。

うるさい隣人を静かにさせることができたとしても、「当たり前の静けさ」を取り戻しただけなのに、クレーマー扱いされるかもしれません。「お願いを聞いてもらった」ことや「したくないことをさせてしまった」ことで、敗北感や、ときには罪悪感さえ覚えるかもしれません。

対人トラブルを我慢すれば苦しみつづけることになり、相手に言えばぶつかることになり、思いどおりになったとしても手放しでは喜べない……。いずれにしても感情は乱され、なかなか穏やかな日常に戻ることはできません。

私たちはイライラした時点で、すでに多くのものを失っているのです。

■期待は裏切られる

どうすれば、そんなイライラを感じずに生きていくことができるのでしょうか?

一言でいえば、**「期待しないこと」**です。

夜中にお隣さんから大音量でテレビの音が聞こえてきたら、あなたもイライラしてしまうかもしれません。しかしこれがテレビの音ではなくて、同じくらい大きな雷の音だとしたら、あなたはイライラを感じないかもしれません。

テレビの音は、お隣さんがコントロールしてくれることを期待しますので、そうしてくれないとイライラしますが、雷の音は、期待する対象がありませんので、イライラしても仕方がないのです。

このように、**イライラの原因にはいつも、「あの人は周りに迷惑がかからないように動いてくれるはずだ」という期待があります。**

真面目な人やルールに厳しい人、完璧主義な人ほどこの傾向が強く、自分がしているように相手もしてくれることを求めます。しかし、そういった期待は多くの場面で裏切られるため、イライラすることになるのです。

■イライラしない生き方

誰もが法律を守り、約束を守り、マナーを守り、お互いに思いやりを持って接することを、当たり前のことだと思っていませんか？

そして自分には、それができない人たちに改善を要求する権利があると思っていませんか？　実はこういった考え方こそ、イライラの源《みなもと》です。

残念ながら、人は正しさを求め、相手を思いやれる生き物ではありません。**人は誰でも、どこまでも残酷になれるし、平気で間違えるし、自分さえよければ他人がどうなろうと一向に構わない生き物なのです。**

隣人がうるさいのも、同じマンションの住人がゴミ出しを守らないのも、違法駐車をしている車があるのも、横入りする人がいるのも、騒ぐ子供を親が注意しないのも、すべては特殊なことでも異常なことでもありません。

それが本来の人間の姿なのです。

私は猫を飼っていますが、「言うことを聞く」という意味において、猫にはまったく期待していません。カーペットの上に毛玉が吐き出されていたとしても、できれば別の場所に吐いてほしいですが、それでイライラすることはありません。猫は、吐きたいときに毛玉を吐くものです。

机の上に飾った観葉植物の鉢が倒されていたとしても、それは猫のせいではなく、そんなところに置いた自分の責任です。

周りの人たちが全員、よく訓練されたデパートの店員のように接してくれることを期待していたら、その期待は裏切られるばかりです。「なぜこの人はできないのだ」と絶えずイライラすることになります。

しかし、周りの人たちが全員、本当は人間ではなくて、たとえば猫だとしたらどうでしょうか？　そしてそんな猫たちが、今の日本を作っているとしたら？

そんな想像をしながら周りを見てみると、毎日が驚きの連続になります。

レジの前に猫が行儀良く列を作っているだけで、ほとんど奇跡に見えます。一匹の猫が横入りしてこようが、そのほうが自然なことなのです。

期待のないところにイライラはありません。怒りっぽい人と、ほとんど怒らない人の違いは、そこにあるのです。

■コントロールできるものに目を向ける

世の中に対する見方を変え、期待をしなくなったところで、トラブルが減るわけではありません。しかしイライラしない分、精神的なダメージは小さくなります。そして起こったトラブルに対して、冷静に対処する余裕が生まれます。

対人トラブルで悩むのは、相手に改善を求めることで、こちらの立場が下になってしまうからです。自分で状況をコントロールできないため、不安感や無力感が大きくなるのです。

ですから、トラブルを解決したいのであれば、動かせない相手を無理に動かそうとするのはやめてください。**コントロールできないものは、コントロールしなくて良いのです。**

そして動かせない相手ではなく、コントロールできるものは何かに目を向けてください。

隣室に住んでいるのが人間ではなくて、凶暴なライオンだとしたら、あなたは間違っても「静かにしてもらえませんか?」と苦情を言いに行ったりはしないことでしょう。そんなことをしたら危ないからです。もっと確実な手段で自分を守るはずです。

人間に対しても、ライオンに対するのと同じように、言葉は通じないし、かかわるのはむしろ危険だという前提で、確実な方法を考えてみてください。
騒音を出している隣人を自分でコントロールすることはできなくても、管理会社に相談して注意してもらうことはできるかもしれません。部屋をかえてもらうことはできるかもしれません。思い切って引っ越しをすることだって可能です。

相手に期待するのをやめて、コントロールできるものだけに目を向ければ、あなたは困らないで生きていくことができるのです。

相手に期待しない生き方をすれば、冷静な対処ができる

おわりに

人は誰でも、自分に一番興味があります。そして他人に対しては、恐ろしく無関心です。誰かのことを思っているときでさえ、その人が自分に与えてくれるものに興味があるだけで、ありのままの相手に興味があるわけではありません。

そして皮肉なことに、周りにいる人たちは自分に対して興味があるのだと、何の疑いもなく信じています。ありのままの自分が受け入れられることを、当然のことのように求めます。

この「自分にしか興味がない」という人間の本質と、「相手は自分を理解してくれるはずだ」という思い込みが、コミュニケーションを難しくさせている原因です。

ですから、相手との関係を改善したいのであれば、まずは相手に興味を持ち、理解する必要があります。そして自分の思いを受け入れてもらうために、伝え方を工夫する必要があります。

本書では、簡単に使えて効果の高い心理誘導法を、厳選してご紹介いたしました。本書で学んだテクニックを実践するとき、あなたは相手に対して、もはや無関心ではいられなくなります。「受け入れてくれて当たり前」ではなく、「どうすれば受け入れてもらえるだろう？」と真剣に考えるようになります。

あなたに生じたそれらの変化は、相手にも必ず伝わります。「人の心を操る技術」を学んできましたが、あなたは同時に、「相手が心地よくなれるコミュニケーション方法」も学んでいたのです。

人は自分の話に興味を持ってくれて、本当の気持ちに気づいてくれる相手を求めています。わかりやすく伝えてくれて、悩まないでも答に導いてくれる相手を求めています。あなたはすでに、周りの人たちのそんな期待に応えることができます。

どうか自信を持って、あの人の心を誘導してください。

「コミュニケーションの教科書を作りたい」という思いから、本書の執筆は始まりました。残念ながら、日本の義務教育には「コミュニケーション」という科目はありません。相手を理解することも、相手に思いを伝えることも、経験から自分で学ぶしかないのです。

にもかかわらず、社会に出れば、この「相手を理解する」「相手に思いを伝える」というふたつのスキルは不可欠です。これらのスキルが低ければ、思いどおりに実力を発揮することさえできません。

社員教育に悩んでいらっしゃる経営者の方、人事担当者の方は、本書を新人研修や社員教育のテキストとして使ってみてください。それだけで、まるで機械に油をさしたように、あなたの職場が滑らかに動き出すことをお約束します。

本書が、あなたの人生を変えるきっかけになることを、心から願っています。

桜井直也

ご感想、お問い合わせ、講演依頼などは、お気軽にmail@e-saimin.comまでお送りください。最新情報や、心理誘導研究会、カウンセリングなどについては、http://www.e-saimin.com/をご覧ください。

〈参考文献〉

■ Bill O'Hanlon, "Taproots: Underlying Principles of Milton Erickson's Therapy and Hypnosis", 1987

■ Bill O'Hanlon, "Solution-Oriented Hypnosis: An Ericksonian Approach", 1992

■ Derren Brown, "Tricks Of The Mind", 2006

■ Gregory Bateson, "Steps to an Ecology of Mind: Collected Essays in Anthropology, Psychiatry, Evolution, and Epistemology", 1987

■ Jay Haley, "Strategies of Psychotherapy", 1963

■ Jay Haley, "Uncommon Therapy: The Psychiatric Techniques of Milton H. Erickson, M.D.", 1981

■ Robert B. Cialdini, "Influence: Science and Practice, 4th Edition", 2000

■ Richard Bolstad, "Resolve: A New Model of Therapy", 2002

【著者略歴】

桜井直也（さくらい・なおや）

ヒプノセラピスト。サイコロジカルアドバイザー。

1972年、東京生まれ。横浜国立大学工学部物質工学科卒業。

外資系ＩＴ企業勤務後、2003年にセラピストとして開業。現代催眠の確実性と、伝統的な催眠の強力な効果を融合した独自の催眠法は、不眠、禁煙、ダイエット、対人関係、恋愛など、様々な分野で定評がある。また、サイコロジカルアドバイザーとして、ビジネスを成功に導く心理学的な提案を、企業向けに行っている。心理誘導研究会、コミュニケーションセミナー、社内研修など、講師としても活躍中。

趣味はブルーベリー栽培。愛猫家。

Webサイト：http://www.e-saimin.com/
お問い合わせ：mail@e-saimin.com

人の心を操る技術

2017年9月7日　第1刷

著　者　桜井直也
発行人　山田有司
発行所　〒170-0005
株式会社　彩図社
東京都豊島区南大塚3-24-4
MTビル
TEL：03-5985-8213　FAX：03-5985-8224

印刷所　新灯印刷株式会社
URL　http://www.saiz.co.jp　https://twitter.com/saiz_sha

 ISBN978-4-8013-0239-6　C0130